***ACCESO GRATIS** a la Lectura en la Nube*

Para visualizar el libro electrónico en la nube de lectura envíe junto a su nombre y apellidos una fotografía del código de barras situado en la contraportada del libro y otra del ticket de compra a la dirección:

ebooktirant@tirant.com

En un máximo de 72 horas laborales le enviaremos el código de acceso con sus instrucciones.

La visualización del libro en **NUBE DE LECTURA** excluye los usos bibliotecarios y públicos que puedan poner el archivo electrónico a disposición de una comunidad de lectores. Se permite tan solo un uso individual y privado

EL JUICIO DE EQUIDAD TRIBUTARIA DE LA SUPREMA CORTE DE JUSTICIA DE LA NACIÓN

EL JUICIO DE EQUIDAD TRIBUTARIA DE LA SUPREMA CORTE DE JUSTICIA DE LA NACIÓN

Joel Isaac Rangel Agüeros
Johan Martín Escalante Escalante

Ricardo Mendoza Quezada
Arturo Hernández Cruz
Coordinadores

tirant lo blanch
Ciudad de México, 2025

RICARDO MENDOZA QUEZADA Y ARTURO HERNÁNDEZ CRUZ
Coordinadores

© TIRANT LO BLANCH
DISTRIBUYE: TIRANT LO BLANCH MÉXICO
Av. Tamaulipas 150, Oficina 502
Hipódromo, Cuauhtémoc,
CP 06100, Ciudad de México
Telf: +52 1 55 65502317
infomex@tirant.com
www.tirant.com/mex/
www.tirant.es
ISBN: 978-84-1095-835-7
MAQUETA: Innovatext

Si tiene alguna queja o sugerencia, envíenos un mail a: *atencioncliente@tirant.com*. En caso de no ser atendida su sugerencia, por favor, lea en *www.tirant.net/index.php/empresa/politicas-de-empresa* nuestro Procedimiento de quejas.

Responsabilidad Social Corporativa: *http://www.tirant.net/Docs/RSCTirant.pdf*

Índice

PRÓLOGO

En el campo del derecho, una de las disciplinas de las ciencias sociales, quedan comprendidas áreas altamente técnicas, cuya especialización difícilmente es materia del contenido temático en la preparación universitaria de licenciatura, quedando reservadas a los estudios de educación denominada de posgrado el conocimiento de los detalles más complejos de ciertas materias, como son las particularidades del derecho fiscal que, si bien figura como materia en gran parte de las universidades en el nivel superior, debido a la extensión, el plan de estudios no supera los aspectos elementales.

En el ejercicio de la profesión, postulantes y juzgadores ejercen una labor dinámica, intensa, construyendo argumentos que lleva al desafío para dar solución a múltiples planteamientos que van surgiendo con motivo de las innovaciones sobre determinadas contribuciones, criterios de los tribunales, e ideas que también proponen los investigadores en ejercicios abstractos que más de una vez llegan a ser útiles para plantear o resolver una cuestión de esta naturaleza.

El tema de las contribuciones, en su vertiente jurídica, es una de las más fascinantes del derecho, al grado que quien las maneja es considerado como un digno portador de conocimientos de la alta escuela del derecho. Es parecido a las matemáticas avanzadas; haciendo una comparación, sería como dominar el cálculo integral y diferencial, en el cual se requieren bases sólidas sobre aritmética, álgebra y trigonometría. En la materia fiscal, además de las nociones elementales de las normas, el procedimiento, y los principios constitucionales, los aspectos contables son indispensables; todo esto se conjuga en información que queda condensada en textos jurídicos, criterios obligatorios de los tribunales, y trabajos como el que ahora se presenta.

Las normas generales ordinarias, aunque gozan de la presunción de respetar todos los postulados consagrados en ordenamientos de mayor jerarquía, producto de la razón, la dignidad humana y los acuerdos socio políticos, tienden en ocasiones, a apartarse de ciertos lineamientos, justificados o no, que da motivo para cuestionar su validez conforme a lineamientos superiores las que condicionan.

Esta presunción opera a la inversa para los asesores jurídicos de los contribuyentes, quienes, ante la emisión de una nueva ley o la aplicación en perjuicio de sus asistidos, promueven amparos combatiendo con notoria regularidad la inobservancia al referido postulado constitucional, empeñándose en demostrar que determinada norma tiene el defecto de ser inequitativa, desproporcional, no cumplir con el parámetro de legalidad o destino al gasto público. Gracias a estos estratégicos planteamientos es que se acciona la actividad jurisdiccional con el resultado de una prolija producción jurisprudencial, en la era moderna conocida como de precedentes.

Tratándose de la equidad tributaria, el legislador, con frecuencia, diseña disposiciones en que, por lo regular, pretenden una cobertura sin distinciones para que todos los sujetos obligados tengan las mismas condiciones de cubrir al Estado las cargas para la satisfacción de necesidades colectivas.

Se ha reconocido la libertad configurativa del legislador para emitir normas tributarias, con la única condición de que respete los principios básicos consagrados en la Constitución. El trato diferenciado para fomentar las inversiones, fuentes de empleo o grupos que necesitan de incentivos fiscales es utilizado por quienes se sienten excluidos como una oportunidad para dejar insubsistente la norma y quedar comprendidos en tales beneficios al aducir una situación de inequidad.

Respecto de las normas generales la garantía de motivación no opera de la misma forma que en otro tipo de actos de autoridad, debido a que impera una regla de que, para cumplir con tal deber, el autor de la disposición materialmente legislativa no está obligado a exponer sus razones, ya que se cumple con que la medida sea justificada a juicio del juzgador. No obstante, es tomada en consideración, por parte del Poder Judicial de la Federación, al resolver cuestionamientos de esta naturaleza, los argumentos formulados en la exposición de motivos, dictámenes de las comisiones de la materia en alguna de las cámaras, discusiones de los integrantes del Congreso de la Unión previo a ser aprobadas.

Además, si no existiera dicha justificación en cualquier fase del proceso legislativo, en los casos que resulte evidente y manifiesto el fin extrafiscal de la supuesta inequidad, los tribunales de amparo están autorizados para resolver con explicaciones no ofrecidas por la autoridad responsable que emitió la ley cuya inconstitucionalidad se reprocha.

Sin embargo, el creador de la norma, con la intención de proteger a grupos vulnerables o en desventaja social, incentivar actividades prioritarias, el desarrollo de la economía, o bien, otros aspectos de apoyo, ocasionalmente, excluye a algunas categorías, dando lugar a un planteamiento de inequidad que debe ser resuelto por los tribunales federales de amparo en ambas modalidades, según tenga su origen el reclamo de los particulares.

La Carta Magna es el sustento normativo de dicho principio. Solo se emplea la voz "equidad" para referir a uno de los elementos de las contribuciones en el artículo 31, fracción IV. Al no haber una noción en ese máximo ordenamiento, en la legislación secundaria del legislador, ni en las disposiciones reglamentarias que expide el ejecutivo federal, sobre lo que se debe entender por tal requisito de validez de las normas de este contenido, la interpretación se colma con las decisiones jurisdiccionales emanadas de los juicios de amparo directo e indirecto.

Por tal motivo, los jueces de distrito, tribunales colegiados de circuito, plenos regionales y la Suprema Corte de Justicia de la Nación son los encargados de determinar todo lo relativo, ante la omisión del legislador, en un rubro tan relevante, del concepto, método de valoración, límites, aplicación, así como el contexto correcto en que opera este principio constitucional.

Como las sentencias de los jueces de distrito, en amparo indirecto contra normas generales, admiten recurso de revisión, del cual conocen como facultad originaria la Suprema Corte, en este último órgano recae la alta responsabilidad de definir si una disposición tributaria satisface este componente de validez.

Excepcionalmente, tratándose de la facultad delegada, los tribunales colegiados de circuito ejercen dicho control si la norma cuestionada emanó de autoridades legislativas o administrativas locales, como el caso del impuesto predial, el impuesto sobre adquisición de inmuebles, o ciertos derechos, por citar algunos, en cuyo caso, los plenos regionales participan al existir criterios divergentes entre tribunales colegiados, o bien, el máximo tribunal, si determina reasumir su facultad originaria o contradicciones entre tribunales colegiados que los plenos regionales no puedan resolver por no corresponder a su jurisdicción.

En el amparo directo, corresponde a los tribunales colegiados de circuito realizar el examen de constitucionalidad de normas en la parte considerativa de la sentencia si fue planteado por el quejoso en el capítulo de conceptos de violación, decisión que, por lo regular, es objeto de impugnación mediante recurso de revisión, del que conoce en última instancia la Suprema Corte de Justicia de la Nación.

En atención a este sistema es que encontramos publicados criterios del Poder Judicial Federal derivados de ambas modalidades del juicio de garantías de leyes fiscales relacionadas con este objeto de estudio. En la vía indirecta es acto reclamado y deben ser llamadas a juicio las autoridades que participaron en su expedición y promulgación, mientras que en el amparo directo no ocurre lo mismo, pues el particular debe formular la pretensión únicamente en el capítulo de conceptos de violación, por lo que la autoridad no tiene la oportunidad de defender la constitucionalidad de su acto, al no prever la posibilidad de rendir un informe justificado, solamente en el recurso de revisión contra la sentencia.

En esta obra los autores realizan un esfuerzo por sistematizar los más importantes precedentes de la Suprema Corte de Justicia de la Nación sobre la equidad tributaria. Para tal propósito, primero abordan lo relativo a su génesis, en la cual, como en todo inicio de un tema novedoso, no había consistencia en cómo se debía entender este requisito de las contribuciones, con ideas desconcertantes para estos días, había una incomprensión de los juzgadores, justificada por lo desconocido, pero que, sin duda, fueron los cimientos, reconsiderados y compensados con las reflexiones durante décadas hasta llegar el estado que hoy conocemos.

Es un estudio bien logrado para quienes aspiran conocer las bases, precisiones y novedades de uno de los requisitos de las contribuciones, derivado del artículo 31, fracción IV, de la Carta Magna, la equidad tributaria. Con la abundante producción jurisprudencial, así como diversos textos de doctrinarios, surge la necesidad de exponer en forma ordenada, pero sobre todo concisa, de las reglas que imperan sobre la calificación de un vicio de esta naturaleza en una norma impositiva.

Con acierto, los expertos autores desarrollan un método de interpretación, intelección y diagnóstico de posibles problemáticas producto de la actividad jurisdiccional del máximo tribunal, que puede ser orientadora para el entendimiento del estado de cosas imperante.

Distribuido en dos apartados, los responsables de esta obra desarrollan el tema comenzando con la justiciabilidad del principio de equidad tributaria, que comprende el debate en la Suprema Corte de Justicia de la Nación, así como la concepción de este principio. En el capítulo segundo se refieren a la metodología del juicio de equidad tributaria, desde su ámbito de aplicación, en que abundan con la exposición de resoluciones recientes que van centrando y realizando nuevos posicionamientos sobre el tema.

Despejando la interrogante de si la norma se rige por el principio de equidad tributaria, se analiza lo concerniente al trato diferenciado y el término de comparación. Continúan con la exposición de la intensidad del escrutinio en el juicio de equidad tributaria, complementado con el fin constitucionalmente válido, así como la idoneidad de trato por parte del legislador. Finalmente, se aborda lo relativo a la proporcionalidad en sentido estricto, y los efectos de la sentencia en caso de que se determine que es violatorio del principio en estudio.

En lo concerniente al fin constitucionalmente válido, como una justificación del trato normativo diferenciado, en que la norma tributaria implementa distinciones, como los estímulos fiscales, dirigidos a determinados sectores de contribuyentes con una limitante de ingreso anual, el sustento de la solución se ubica en el artículo 25 constitucional, con el argumento de que las facultades del Estado en materia de rectoría económica y desarrollo nacional constituyen uno de los fundamentos de los fines extrafiscales, que se puede advertir en la propia ley, exposición de motivos, o en cualquier etapa de su formación, como son los dictámenes de las comisiones correspondientes o las mismas discusiones en algunas de las cámaras.

Sobre este punto, se destaca la labor interpretativa a partir de parámetros de congruencia de quiénes son en realidad los sujetos iguales para efectos de determinar si se otorga un trato inequitativo, con un soporte adicional extraído del mismo texto constitucional, aunque sea de diverso precepto, acompañado con la información contenida en la exposición de motivos, o bien, de las razones que aduce el legislador durante el proceso de elaboración de la norma controvertida.

La actitud emprendedora de los destacados estudiosos del derecho, Joel Isaac Rangel Agüeros y Johan Martín Escalante Escalante, en el ámbito fiscal, y sobre todo, a pesar de la turbulencia que afecta la estabilidad en las instituciones, por el panorama que presagian las propuestas de reacomodos en uno de los pilares del equilibrio de poderes, constituye una esperanza de que, al menos en el campo siempre fértil de la investigación, permanecerán personas dispuestas a compartir sus inquietudes en torno a aspectos especializados de la materia fiscal, como es el trabajo que ahora presentan.

Al primero, lo conocí en sus inicios de la carrera judicial; organizado, metódico, visionario y en constante preparación en las diversas áreas del derecho administrativo, con una clara vocación por el panorama tributario, a quien le reconozco la elevada capacidad de análisis jurídico, con un inagotable interés por encontrar soluciones ante problemáticas de juicios de amparo en que se ven involucrados aspectos complejos que requieren ser esclarecidos.

Lo valioso en esta investigación consiste en la exposición de la génesis, conformación y evolución de las posturas de la Suprema Corte de Justicia de la Nación respecto a la equidad tributaria, condensada en múltiples tesis aisladas y de jurisprudencia, así como los criterios obligatorios conforme a la reforma constitucional de 2021. Un material de referencia que trata desde los orígenes hasta las más recientes posturas relacionadas con este tema, el cual puede ser de utilidad tanto para abogados postulantes como para los juzgadores.

Espero este sea el comienzo de una serie de monografías que enriquezcan la producción literaria en este selecto rubro de la ciencia del derecho, con el propósito de ser el cimiento de un tratado de derecho fiscal.

Joel Carranco Zúñiga
Magistrado del Décimo Octavo Tribunal Colegiado en Materia Administrativa del Primer Circuito

PALABRAS DE LOS COORDINADORES

Los principios de justicia fiscal han sido objeto de férreas y tendidas discusiones en el seno del Poder Judicial de la Federación desde sus albores.

Quizá para aquellos que iniciamos nuestra práctica jurídica en los últimos 20 años es, *prima facie*, evidente que los pagadores de impuestos pueden acudir al juicio de amparo a pregonar la inconstitucionalidad de un tributo oneroso e *injusto* (a su juicio). No quiere decir, necesariamente, que tengan altas probabilidades de éxito. Pero no suele haber amplios cuestionamientos sobre la procedencia del mismo.

Sin embargo, esto no siempre fue así. El Voto Vallarta, consagrado por el Ministro que lleva el apellido del voto, representó un obstáculo imposible de sortear para los contribuyentes y postulantes que buscaban el amparo y protección de la Justicia de la Unión por décadas.

Tan férrea fue la discusión, que ella motivó la publicación de un libro paradigmático para todo estudioso de la materia tributaria: *La lucha por el amparo fiscal*, del Ministro en Retiro Góngora Pimentel, cuyo propio título ilustra los vaivenes que padecieron los Ministros a favor y en contra de la procedencia del amparo tratándose del control constitucional de normas que establecieran tributos a los contribuyentes.

Así, es sumamente interesante recorrer el camino que trazaron los Ministros de la Suprema corte de Justicia de la Nación desde las primeras épocas y hasta las actuales, en torno al contenido y alcance de dichos principios, así como respecto de su *justiciabilidad*.

Sin embargo, la Suprema Corte no solamente ha delimitado el contenido y alcance de los mismos, sino la metodología que debe aplicar la persona juzgadora al realizar el análisis constitucional del tributo a la luz de dichos principios, así como los matices que resulten aplicables dependiendo de su propia naturaleza.

La obra que Joel y Johan han redactado, haciendo gala de su experiencia como operadores jurídicos en el Máximo Tribunal, ofrece un recorrido concreto, pero necesario, para entender el paradigma constitucional de los principios sustantivos contenidos en el artículo 31, fracción IV, de la Carta Magna.

Este libro es un extraordinario manual para justiciables y juzgadores que busquen aprender o repasar no solo el contenido de dichos principios, sino la metodología idónea para reclamar o analizar su conformidad con la Ley Suprema. Esperamos que el lector disfrute la obra tanto como nosotros lo hemos hecho; pero, sobre todo, que esta obra se convierta en libro de cabecera para los litigantes en materia tributaria.

Ricardo Mendoza y Arturo Hernández

INTRODUCCIÓN

El control constitucional de una norma implica que un juez debe verificar si se apega o no a los preceptos constitucionales, si la norma se adecua al texto constitucional se reconoce su validez, pero si se concluye que lo contradice debe declararse su invalidez. Esta revisión a cargo del juez parece sencilla si lo vemos como un simple contraste entre el texto legal impugnado y el texto constitucional que funge como parámetro, sin embargo, el control constitucional es mucho más complejo porque se requiere llevar a cabo procesos argumentativos que permitan sustentar el sentido de la determinación a la cual se arribe; estos procesos argumentativos se pueden realizar a través de metodologías de adjudicación constitucional.

Con relación al principio de equidad tributaria previsto en el artículo 31, fracción IV, de la Constitución Política de los Estados Unidos Mexicanos, la Suprema Corte de Justicia de la Nación, a través de los precedentes que identificamos y explicamos a lo largo de este trabajo, creó una metodología para determinar si las normas que quedan comprendidas en su ámbito de aplicación se ajustan al contenido de dicho principio, a tal metodología se le denomina juicio de equidad tributaria.

De la consulta al Semanario Judicial de la Federación, se puede advertir que se han publicado un cúmulo de tesis y jurisprudencias que se refieren al principio de equidad tributaria, si se buscan tesis y jurisprudencias que se refieran -en su rubro- al principio de equidad tributaria, en las épocas novena, décima y decimoprimera, se verá que existen al menos 600 registros correspondientes al Pleno y a las Salas de la Suprema Corte de Justicia de la Nación.

Ante este cúmulo de precedentes, no es sencillo encontrar aquellos que establecen con claridad las directrices que deberían aplicar los jueces constitucionales para la aplicación de un juicio de equidad tributaria, por lo que, en este trabajo hemos recopilado y organizado las tesis y jurisprudencias que estimados indispensables para evaluar la regularidad constitucional de una norma mediante un juicio de equidad tributaria.

La finalidad de la obra es servir como un manual que contenga los aspectos básicos e indispensables que deben considerarse, tanto para plantear la inconstitucional de normas a la luz del principio de equidad tributaria, como para resolver o llevar a cabo un juicio de equidad tributaria.

De tal forma, pretendemos que este trabajo sea útil para los postulantes que deseen conocer los diversos elementos que se sopesan al realizar un juicio de equidad tributaria y que deben tomar en cuenta para plantear argumentos de inconstitucionalidad; al mismo tiempo, la intención es ofrecer a las autoridades encargadas de la defensa de la norma un sumario de los aspectos que deben considerar para dar al juzgador razones por las que se debe reconocer la constitucionalidad de la norma y, por supuesto, este manual puede ser de utilidad para los funcionarios judiciales que tengan la necesidad de examinar la constitucionalidad de normas fiscales.

En la primera parte de este trabajo, exponemos brevemente los vaivenes de la revisión jurisdiccional de las normas a la luz del principio de equidad tributaria. Como se verá, primeramente, pasamos de una etapa en la que se negaba el control jurisdiccional de normas tributarias, hasta la decisión definitiva de la Suprema Corte de Justicia de la Nación respecto a la posibilidad de realizar un control jurisdiccional de ellas.

En la segunda parte, explicamos la forma en que debe llevarse a cabo el juicio de equidad tributaria, a partir de los precedentes que han servido como directrices y mencionamos algunos casos concretos para ejemplificar la exposición, exponemos conceptos fundamentales para el juicio de equidad tributaria como trato diferenciado y término de comparación, asimismo, se precisa la aplicación que tiene el test de proporcionalidad en el juicio de equidad tributaria.

Capítulo I.

LA JUSTICIABILIDAD DEL PRINCIPIO DE EQUIDAD TRIBUTARIA

A. El debate sobre la justiciabilidad del principio de equidad tributaria

Para comenzar con el estudio del principio de equidad tributaria, consideramos necesario remontarnos brevemente a los últimos años del siglo XIX y a los inicios del siglo XX, época en la que la Suprema Corte determinó la *justiciabilidad*[1] de dicho principio por un periodo de cuatro décadas; nos referimos a la resolución de los juicios de amparo promovidos en contra del impuesto a las fábricas de hilados y tejidos, establecido por la Ley de Ingresos de 5 de junio de 1879.

Los quejosos eran dueños de fábricas de hilados y tejidos en los estados de Tlaxcala, Coahuila y Nuevo León, y plantearon ante la Corte, entre otras cuestiones, que el impuesto violaba los principios tributarios de equidad y proporcionalidad, entonces previstos en la fracción II del artículo 31 de la Constitución de 1857[2], ya que solamente gravaba a las personas con capital inver-

---

1 Entiéndase por justiciabilidad: "Calidad de los derechos que los hace susceptibles de ser alegados y exigidos ante los tribunales de justicia y la Administración pública, aun a falta de norma jurídica expresa, a fin de evitar que su violación o desconocimiento sean utilizados como justificación para su no aplicación." Diccionario panhispánico del español jurídico, de la Real Academia Española. Consultado en: https://dpej.rae.es/lema/justiciabilidad

2 "Art. 31. Es obligación de todo mexicano:

(...)

tido en fábricas textiles, pero no gravaba a personas que realizaban la misma conducta en otras industrias.

Los respectivos juicios -de amparo indirecto-[3] se fallaron por jueces de distrito, las sentencias se revisaron por la Suprema Corte y ésta, por resoluciones de 26 de noviembre de 1879, determinó negar el amparo[4] por las siguientes consideraciones:

> "(...)
>
> Considerando, 1o: Que las razones que se hacen valer para la procedencia del recurso pueden resumirse en dos principalmente: primera, que la ley de presupuestos de ingresos de 5 de Junio próximo pasado, no fué expedida en la parte relativa con los requisitos constitucionales; y segunda, que ella está en pugna con los principios de equidad y proporción en los impuestos, sancionados aquellos por la ley fundamental, haciendo descansar sobre esta base los demás razonamientos con que trata de probarse que el art. 1o, fracción XIV de aquel presupuesto y su Reglamento violan las garantías que se invocan:

II. Contribuir para los gastos públicos, así de la federación como del Estado y municipio en que resida, de la manera proporcional y equitativa que dispongan las leyes."
Por reforma de 10 de junio de 1898 esta fracción pasaría a ser la "III", véase Tena Ramírez, Felipe, *Leyes fundamentales de México 1808-2017*, 25a edición, Porrúa, México, 2008, pp. 611 y 712.

3 En aquella época no existía la clasificación del juicio de amparo como directo e indirecto, tal como lo advierte Carranco Zúñiga: "Las expresiones de amparo directo y amparo indirecto son el resultado de una irreflexiva denominación, primero del foro y posteriormente del legislador. En el texto original tanto de la Constitución como de la Ley de Amparo abrogada no estaban reconocidas. Aunque existían desde un principio, ambos juicios eran identificados por el tribunal de amparo que los resolvía. En 1917 no había la nomenclatura conocida actualmente que los distinguiera; lo que ahora conocemos como amparo directo estaba reservado a la Suprema Corte de Justicia de la Nación, y el indirecto, para los juzgados de distrito." Carranco Zúñiga, Joel, *Juicio de amparo. Procedencia y sobreseimiento*, 6a edición, Porrúa, México, 2019, pp. 19-20.

4 La resolución se aprobó por los ministros Ignacio L. Vallarta, Ignacio M. Altamirano, Manuel Alas, Antonio Martínez de Castro, Miguel Blanco, José María Bautista, Eleuterio Ávila, Simón Guzmán, José Manuel Saldaña y José Eligio Muñoz.

(...)

Considerando, 3o: Que el presupuesto de 5 de Junio no puede llamarse ley privativa en el sentido del art. 13 constitucional, por no referirse á determinadas personas ni á un solo Estado de la Federación, sino á todos los productos de hilados y tejidos que se elavoran en el país, lo cual constituye que esa disposición sea general, como lo es, por ejemplo, la que há mucho tiempo estableció el impuesto de cinco por ciento sobre el oro y la plata acuñados que de todos los Estados se exporten de la República, no obstante que otras leyes exceptúan de los derechos de exportación los frutos agrícolas y productos industriales del territorio nacional: que además no prueba que la ley sea especial, la circunstancia de que sólo se refiera á las fábricas de hilados y tejidos, porque ella no debe considerarse aisladamente, sino en conjunto con las otras disposiciones que forman el presupuesto de ingresos, en las que también aparecen gravados otros ramos de la riqueza pública, aunque con distintas denominaciones: que si es que el presupuesto de 5 de Junio exceptúa del impuesto á los otros capitales que no pasen de quinientos pesos, empleados en las negociaciones de hilados y tejidos, esto mismo convence que en su expedición se han considerado los principios de equidad, lo cual todavía resalta más, cuando se advierte que el legislador aumentó los derechos de importación sobre los efectos similares, en la misma proporción que gravó los que se producen en el país, con el propósito de poner estos á salvo de la competencia que podía menoscabar los intereses de los fabricantes nacionales: que con respecto á que no es proporcional la contribución que se trata de cobrar, no existe probada en autos esa desproporción, ni en cuanto al exceso en el impuesto, ni por lo que mira á la falta de igualdad en su distribución:

(...)

Por estas consideraciones, y con arreglo á los artículos 101 y 102 de la Constitución general, se revoca la sentencia mencionada del Juzgado de Distrito, y se declara: que la Justicia de la Unión no ampara ni protege á Ciriaco Marrón, representado en este juicio por el Lic. Ramón Miranda, contra los actos de que se queja.

(...)"[5]

---

5 Esta es una transcripción fiel del texto consultado en Vallarta, Ignacio L., *Obras completas*, Tomo II, 6a edición, Porrúa, México, 2005, pp. 67-71.

De esta transcripción se advierte que el planteamiento de inconstitucionalidad se refería, medularmente, a que el impuesto a las fábricas de hilados y tejidos violaba los principios de proporcionalidad y equidad, porque, por un lado, gravaba solamente una rama de la industria excluyendo a otras y, por otro lado, porque exceptuaba a capitales que no superaban quinientos pesos, generando desigualdad respecto a los capitales superiores a esa cantidad.

La Suprema Corte consideró, al revisar los fallos emitidos por los jueces de distrito, que la contribución no era *privativa* en términos del artículo 13[6] constitucional, porque gravaba en general a todos los productores de hilados y tejidos del país y porque, además, existían otras contribuciones sobre los demás sectores de la industria.

Asimismo, la Corte destacó que al exceptuar de pagar el impuesto a los capitales que no superaran quinientos pesos, se evidenciaba que se había observado el principio de equidad tributaria, aunado a que se incrementaron los derechos a la importación de hilados y tejidos en la misma proporción que se gravaron los fabricados en el país; respecto al principio de proporcionalidad tributaria señaló *que no se probó en autos esa desproporción*.

El estudio que en aquella resolución realizó la Suprema Corte sobre los principios tributarios de equidad y proporcionalidad no desentrañó el contenido y alcance de los citados principios de justicia fiscal, definiendo los parámetros mínimos que deberían satisfacerse para tenerlos por cumplidos; como destaca el Ministro Góngora Pimentel, la Suprema Corte no reconoció *"la independencia que la fracción II, del artículo 31 constitucional les concedía"*.[7]

6 "Art. 13. En la República mexicana nadie puede ser juzgado por leyes privativas, ni por tribunales especiales..."

7 Góngora Pimentel, Genaro David, *La lucha por el amparo fiscal. Evolución del artículo 31, fracción IV, constitucional, en la jurisprudencia de la Suprema Corte de Justicia de la Nación (principios de proporcionalidad y equidad tributarios)*, 2a edición, Porrúa, México, 2010, p. 39.

A propósito de las referidas resoluciones, el Ministro Vallarta Ogazón emitió un voto para desarrollar las razones que, en su opinión, justificaban la negativa del amparo, esas razones se convertirían en el criterio mayoritario de la Suprema Corte y trascenderían a la posibilidad de promover el juicio de amparo para plantear violaciones al principio de equidad tributaria.

Vallarta Ogazón se cuestionó lo siguiente: "*¿Pueden los tribunales juzgar de la proporción del impuesto con relación al capital? ¿Cuándo, en qué casos les es lícito intervenir en los actos del Poder Legislativo, relativos á su facultad de decretar las contribuciones necesarias para cubrir los gastos públicos?*"[8]

Vallarta Ogazón concluyó que el Poder Judicial no tenía competencia para analizar la regularidad constitucional de una contribución en lo que respecta a los principios de proporcionalidad y equidad, pues consideraba que la defensa en contra de las contribuciones "injustas" era el sufragio, es decir, la elección de otros legisladores como representantes del pueblo; salvo que la contribución fuera notoriamente injusta por no establecerse para sostener el gasto público, sino para favorecer a particulares, caso en el que los jueces sí podrían declarar su inconstitucionalidad:

> "La fijación de los gastos públicos es una de esas materias que, según estas doctrinas, son de la exclusiva competencia del legislador, sin que los tribunales puedan en caso alguno intervenir en ella. Si el Congreso abusa decretando en el presupuesto más gastos que los que el país permita ó soporte, tal abuso no tiene más remedio que el derecho del pueblo para elegir otros representantes que cuiden más de sus intereses. Y caso en que á los tribunales sea lícito juzgar de los abusos legislativos en esta materia, de acuerdo con las mismas doctrinas, será cuando el Congreso prostituya sus poderes, hasta el extremo de decretar impuestos, no para atender á los gastos públicos, sino para favorecer empresas ó especulaciones privadas; hasta el extremo de arrebatar á un propietario su fortuna; hasta el extremo de hacer de la contribución un verdadero despojo de la propiedad."[9]

---

8 Vallarta, *op cit*, p. 27.

9 Transcripción literal. *Ibid*, pp. 29-30.

Conforme al criterio de Vallarta Ogazón, el Poder Judicial, por regla general, no podía emitir ningún pronunciamiento sobre la equidad y proporcionalidad de una contribución, salvo que constituyera un despojo a los particulares. Como se anticipó, dicho criterio pasó de ser un voto particular a la decisión unánime de los ministros de la Suprema Corte, tal como se advierte en las siguientes tesis:

> **IMPUESTOS LOCALES.** El remedio de los ruinosos o exorbitantes establecidos por los Estados, no es atribución del Poder Federal, sino del pueblo mismo, mediante el sufragio para elegir legisladores patriotas que cuiden los intereses generales, procurando la convivencia normal y progresiva de la comunidad.[10]
>
> **LEGISLACION FISCAL DESACERTADA U OPRESIVA.** La protección contra ella, dentro de los límites constitucionales, está en una apelación a la justicia y patriotismo de los representantes del pueblo; si ésta falla, el pueblo, en su capacidad soberana, puede corregir el daño; pero los tribunales federales no pueden asumir los derechos de la representación popular, aventurándose con ella en un certamen de opiniones, sobre puntos de derechos, razón y conveniencia.[11]
>
> **CONTRIBUCIONES.** Cuando las que decreten los Estados, sean antieconómicas, exorbitantes y ruinosas, para el pueblo de su territorio, no es el Poder Federal quien debe remediarlas, sino el pueblo mismo, mediante el sufragio electoral, para llevar a las respectivas legislaturas, ciudadanos ecuánimes y patriotas que cuiden de los intereses generales, procurando la convivencia normal, francamente garantizada y progresiva de la comunidad.[12]

El criterio de Vallarta Ogazón, en conjunto con una serie de precedentes que lo retomaron y aplicaron en numerosos juicios de amparo posteriores, implicó que, por varias décadas, el Alto Tribunal no interpretara el principio de equidad tributaria, defi-

---

10 Publicada en el Semanario Judicial de la Federación, Pleno, quinta época, tomo I, p. 810, registro digital 811482.

11 Publicada en el Semanario Judicial de la Federación, Pleno, quinta época, tomo II, página 1136, registro digital 291663.

12 Publicada en el Semanario Judicial de la Federación, Pleno, quinta época, tomo IV, página 529, registro digital 289713.

niera su ámbito de aplicación, contenido y alcance, así como los parámetros mínimos para su cumplimiento.[13]

La justiciabilidad de los principios de justicia fiscal, obstruida por el criterio de Ignacio Vallarta de 1879, tuvo un viraje hasta el 20 de octubre de 1925. En esa fecha, el Pleno del Alto Tribunal, al resolver el amparo 3173/22, promovido por Aurelio Maldonado, determinó que el Poder Judicial sí puede juzgar la equidad y proporcionalidad, conforme a lo dispuesto en la fracción I del artículo 103 constitucional (y no sólo de manera excepcional) tal como quedó plasmado en la tesis a que dicho juicio dio lugar:

> **IMPUESTOS.** Aunque la jurisprudencia sentada por la Corte, en ejecutorias anteriores, fue que la proporcionalidad y equidad del impuesto, no puede remediarse por medio del juicio de amparo, es conveniente modificar esa jurisprudencia, estableciendo que sí está capacitado el Poder Judicial Federal, para revisar los decretos o actos del Poder Legislativo, en cada caso especial, cuando a los ojos del Poder Judicial aparezca que el impuesto es exorbitante y ruinoso o que el Poder Legislativo se ha excedido en sus facultades constitucionales. Esa facultad de la Suprema Corte proviene de la obligación que tiene de examinar la queja, cuando se ha reclamado una violación de garantías la falta de proporción o de equidad en un impuesto; y si bien el artículo 31 de la Constitución que establece esos requisitos de proporcionalidad y equidad en el impuesto, como derecho de todo contribuyente, no está en el capítulo relativo a las garantías individuales, la lesión de aquel derecho, es una violación de esas garantías; de suerte que si la Suprema Corte ante una demanda de amparo contra una ley, que establezca un impuesto notoriamente exor-

---

13 El criterio de Vallarta Ogazón debe analizarse considerando el contexto histórico en el que se encontró, al respecto Roa Jacobo precisa: "...el aquí y el ahora de Ignacio L. Vallarta tuvieron una gran influencia en la configuración de los criterios que sustentó como ministro de la Corte. A mi juicio, su circunstancia histórica como impulsor del Plan de Tuxtepec y las condiciones que le permitieron acceder al cargo de presidente de la Corte, claramente lo ubican en cercanía intelectual y política con el régimen del general Díaz." Roa Jacobo, Juan Carlos, *El debate sobre el amparo fiscal y los efectos de éste en el México actual*, Themis, México, 2009, p. 62.

> bitante y ruinoso, negara la protección federal, diciendo que el poder judicial no es el capacitado para remediar tal violación, y dijera que ese remedio se encuentra en el sufragio popular, haría nugatoria la prescripción de la fracción I del artículo 103 constitucional, que establece el amparo contra las leyes que violen las garantías individuales, y la misma razón podría invocarse para negar los amparos en todos los casos en que se reclamara contra las leyes.[14]

Como se aprecia en la tesis citada, la Suprema Corte consideró que los principios tributarios de proporcionalidad y equidad, previstos en el artículo 31 constitucional, eran derechos de los contribuyentes cuya violación podía alegarse a través del juicio de amparo de conformidad con el artículo 103, fracción I, constitucional, sin que fuera obstáculo que tales principios no estuvieran comprendidos en el otrora capítulo de garantías individuales de la Constitución Federal.[15]

Este criterio fue propuesto por el Ministro Urbina y Frías, aprobado por cinco de ocho ministros que se encontraban en la sesión en la que se emitió la resolución; de acuerdo con Góngora Pimentel: *"Esto provocó que el estudio que había sido propuesto por el Ministro Urbina únicamente se aprobara en una tesis aislada que no en todos los casos fue reiterada. Por tanto, durante la Quinta Época existieron asuntos que se resolvieron con base en el criterio de Vallarta y asuntos que se ajustaron parcialmente al criterio de Urbina"*.[16]

Con relación a esta última resolución, Yáñez Ruiz, quien también fue Ministro del Alto Tribunal, consideró que el criterio de Urbina: *"lo único que contenía era la aseveración de que la Corte tenía facultad para juzgar cuándo los impuestos que esta-*

---

14 Publicada en el Semanario Judicial de la Federación, Pleno, quinta época, tomo XVII, página 1014, instancia Pleno, registro digital 810759.

15 En opinión de Roa Jacobo: "Una vez fincado dicho criterio, la Corte reconoció la existencia de derechos distintos a los ubicados en el capítulo relativo a las garantías individuales y procuró la valoración integral de la Constitución como instrumento protector de garantías de los gobernados." Roa Jacobo, *op cit*, p. 16.

16 Góngora Pimentel, *op cit*, p. 157.

blecieran tanto la Federación como los Estados, eran proporcionales y equitativos; pero no resolvía el fondo del asunto: "proporcional y equitativo", es una frase que se presta a interpretaciones de la más amplia variedad".[17]

Como seguramente anticipará el lector, finalmente y hasta nuestros días, prevaleció el criterio formulado por el Ministro Urbina, de modo que en el paradigma actual de la justicia fiscal en México, no hay dudas sobre la facultad del Poder Judicial de la Federación para revisar la equidad de una contribución en sede jurisdiccional, bajo ciertos matices que, desde luego, exploraremos más adelante.

Ahora, si bien se había superado el problema sobre la justiciabilidad del principio que nos ocupa, la Corte todavía tenía pendiente definirlo y construir una metodología para realizar el control constitucional de normas a la luz de dicho principio, en el apartado siguiente exponemos la evolución de la definición del principio de equidad tributaria.

B. Definición del principio de equidad tributaria

En algunas tesis emitidas en la quinta época del Semanario Judicial de la Federación, se puede ver que la Suprema Corte llegó a considerar que proporcionalidad y equidad constituían un solo principio, el cual se interpretó en el sentido de que las contribuciones no podían ser exorbitantes, ruinosas o confiscatorias.[18]

En la misma quinta época, la Suprema Corte rectificó su interpretación de los principios tributarios de proporcionalidad y equidad; particularmente, en la tesis de rubro **IMPUESTOS, DESTINO DE LOS, EN RELACION CON LOS OBLI-**

---

17 Yáñez Ruiz, Manuel, "El problema fiscal y la Suprema Corte de Justicia de la Nación", en Zambrano Sevilla, José Luis (coord.), *El Ministro Manuel Yáñez Ruiz*, Vol. 16 de la serie semblanzas, SCJN, México, 1992, p. 385.

18 Esta interpretación se puede apreciar en la tesis de rubro: **IMPUESTOS, EQUIDAD Y PROPORCIONALIDAD DE LOS**, publicada en el Semanario Judicial de la Federación, Segunda Sala, quinta época, tomo XCIII, página 611, registro digital 320857.

GADOS A PAGARLOS[19] precisó lo siguiente: "*para la validez constitucional de un impuesto, se requiere la satisfacción de tres requisitos fundamentales: primero, que sea profesional; segundo, que sea equitativo, y tercero, que se destine al pago de los gastos públicos*".

En la época de referencia, respecto a equidad tributaria existen tesis que establecen que dicho principio implica que se debe tratar de la misma forma a las personas que se encuentren en la misma situación jurídica:

> **IMPUESTO, EQUIDAD DEL.** Por impuesto equitativo debe entenderse aquel que es causado en una forma igual por las personas que se encuentran dentro de una misma situación jurídica; en otras palabras, si el legislador estimó que la utilidad o ganancia que produzcan determinados actos jurídicos debe causar determinado gravamen, éste ha de ser establecido para todas las personas que realicen dichos actos y no para un solo grupo de tales personas, es decir, que sea de obligatoriedad general.[20]
>
> **IMPUESTOS INEQUITATIVOS.** No es equitativo aquel tratamiento fiscal que conduce a que a causantes por conceptos iguales, con respecto a utilidades iguales, se apliquen tasas diferentes.[21]

De la séptima época del Semanario Judicial de la Federación se destaca la siguiente jurisprudencia, en la que se define al principio de equidad tributaria como la igualdad ante la misma ley tributaria de todos los sujetos pasivos de un mismo tributo, los que en tales condiciones deben recibir un tratamiento idéntico en lo concerniente a hipótesis de causación, acumulación de ingresos gravables, deducciones permitidas, plazos de pago, etcétera, debiendo únicamente variar las tarifas tributarias aplicables de acuerdo con la capacidad económica de cada con-

---

19 Publicada en el Semanario Judicial de la Federación, Segunda Sala, quinta época, tomo LXIX, página 398, registro digital 808576.

20 Publicada en el Semanario Judicial de la Federación, Segunda Sala, quinta época, tomo CXXIV, página 182, registro digital 316941.

21 Publicada en el Semanario Judicial de la Federación, Segunda Sala, quinta época, tomo CXXIV, página 60, registro digital 316927.

tribuyente, para respetar el principio de proporcionalidad antes mencionado:

> **IMPUESTOS, PROPORCIONALIDAD Y EQUIDAD DE LOS.** El artículo 31, fracción IV, de la Constitución, establece los principios de proporcionalidad y equidad en los tributos. La proporcionalidad radica, medularmente, en que los sujetos pasivos deben contribuir a los gastos públicos en función de su respectiva capacidad económica, debiendo aportar una parte justa y adecuada de sus ingresos, utilidades o rendimientos. Conforme a este principio los gravámenes deben fijarse de acuerdo con la capacidad económica de cada sujeto pasivo, de manera que las personas que obtengan ingresos elevados tributen en forma cualitativamente superior a los de medianos y reducidos recursos. El cumplimiento de este principio se realiza a través de tarifas progresivas, pues mediante ellas se consigue que cubran un impuesto en monto superior los contribuyentes de más elevados recursos y uno inferior los de menores ingresos, estableciéndose, además, una diferencia congruente entre los diversos niveles de ingresos. Expresado en otros términos, la proporcionalidad se encuentra vinculada con la capacidad económica de los contribuyentes que debe ser gravada diferencialmente conforme a tarifas progresivas, para que en cada caso el impacto sea distinto no sólo en cantidad sino en lo tocante al mayor o menor sacrificio, reflejado cualitativamente en la disminución patrimonial que proceda, y que debe encontrarse en proporción a los ingresos obtenidos. El principio de equidad radica medularmente en la igualdad ante la misma ley tributaria de todos los sujetos pasivos de un mismo tributo, los que en tales condiciones deben recibir un tratamiento idéntico en lo concerniente a hipótesis de causación, acumulación de ingresos gravables, deducciones permitidas, plazos de pago, etcétera, debiendo únicamente variar las tarifas tributarias aplicables de acuerdo con la capacidad económica de cada contribuyente, para respetar el principio de proporcionalidad antes mencionado. La equidad tributaria significa, en consecuencia, que los contribuyentes de un mismo impuesto deben guardar una situación de igualdad frente a la norma jurídica que lo establece y regula.[22]

---

22 Publicada en el Semanario Judicial de la Federación, Pleno, séptima época, volumen 199-204, primera parte, página 144, registro digital 232197.

Esta definición del principio de equidad tributaria, con algunas variaciones, ha perdurado en los precedentes de la Suprema Corte, como puede verse en las siguientes definiciones correspondientes a la novena época del Semanario Judicial de la Federación:

> **EQUIDAD TRIBUTARIA. IMPLICA QUE LAS NORMAS NO DEN UN TRATO DIVERSO A SITUACIONES ANÁLOGAS O UNO IGUAL A PERSONAS QUE ESTÁN EN SITUACIONES DISPARES.** El texto constitucional establece que todos los hombres son iguales ante la ley, sin que pueda prevalecer discriminación alguna por razón de nacimiento, raza, sexo, religión o cualquier otra condición o circunstancia personal o social; en relación con la materia tributaria, consigna expresamente el principio de equidad para que, con carácter general, los Poderes públicos tengan en cuenta que los particulares que se encuentren en la misma situación deben ser tratados igualmente, sin privilegio ni favor. Conforme a estas bases, el principio de equidad se configura como uno de los valores superiores del ordenamiento jurídico, lo que significa que ha de servir de criterio básico de la producción normativa y de su posterior interpretación y aplicación. La conservación de este principio, sin embargo, no supone que todos los hombres sean iguales, con un patrimonio y necesidades semejantes, ya que la propia Constitución Política de los Estados Unidos Mexicanos acepta y protege la propiedad privada, la libertad económica, el derecho a la herencia y otros derechos patrimoniales, de donde se reconoce implícitamente la existencia de desigualdades materiales y económicas. El valor superior que persigue este principio consiste, entonces, en evitar que existan normas que, llamadas a proyectarse sobre situaciones de igualdad de hecho, produzcan como efecto de su aplicación la ruptura de esa igualdad al generar un trato discriminatorio entre situaciones análogas, o bien, propiciar efectos semejantes sobre personas que se encuentran en situaciones dispares, lo que se traduce en desigualdad jurídica.[23]

> **IMPUESTOS. PRINCIPIO DE EQUIDAD TRIBUTARIA PREVISTO POR EL ARTÍCULO 31, FRACCIÓN IV, CONSTITUCIONAL.** De una revisión a las diversas tesis sustentadas por esta Suprema Corte de Jus-

---

23 Tesis P./J. 42/97, publicada en el Semanario Judicial de la Federación y su Gaceta, Pleno, novena época, tomo V, junio de 1997, página 36, registro digital 198402.

> ticia de la Nación, en torno al principio de equidad tributaria previsto por el artículo 31, fracción IV, de la Constitución Federal, necesariamente se llega a la conclusión de que, en esencia, este principio exige que los contribuyentes de un impuesto que se encuentran en una misma hipótesis de causación, deben guardar una idéntica situación frente a la norma jurídica que lo regula, lo que a la vez implica que las disposiciones tributarias deben tratar de manera igual a quienes se encuentren en una misma situación y de manera desigual a los sujetos del gravamen que se ubiquen en una situación diversa, implicando, además, que para poder cumplir con este principio el legislador no sólo está facultado, sino que tiene obligación de crear categorías o clasificaciones de contribuyentes, a condición de que éstas no sean caprichosas o arbitrarias, o creadas para hostilizar a determinadas clases o universalidades de causantes, esto es, que se sustenten en bases objetivas que justifiquen el tratamiento diferente entre una y otra categoría, y que pueden responder a finalidades económicas o sociales, razones de política fiscal o incluso extrafiscales.[24]

De lo anterior se colige que, para la Suprema Corte, el principio de equidad tributaria consiste en que las normas deben tratar de igual forma a quienes se encuentren en una misma situación y de manera desigual a los sujetos que se ubiquen en una situación diversa; asimismo, la normas pueden establecer categorías o clasificaciones de contribuyentes, pero deben ser razonables y sin generar tratos discriminatorios. Es decir, no todo trato desigual o diferenciado conlleva una violación al principio de equidad tributaria. Ésta es la interpretación del principio de equidad tributaria que ha perdurado a través de las resoluciones de la Suprema Corte.

Posteriormente, la Corte tendría que definir el ámbito de aplicación del principio de equidad tributaria, en relación con el principio de igualdad, entendiendo que el primero es una especie del segundo, lo cual se explica con detalle en el capítulo siguiente.

---

24 Tesis P./J. 24/2000, Semanario Judicial de la Federación y su Gaceta, Pleno, novena época, tomo XI, marzo de 2000, página 35, registro digital 192290.

Superadas las cuestiones referentes a la justiciabilidad y definición del principio de equidad tributaria, la Suprema Corte comenzó a desarrollar una metodología para juzgar casos en los que se plantean violaciones al citado principio tributario, actualmente dicha metodología es una herramienta argumentativa que deben usar todos los jueces del país para examinar la regularidad constitucional de normas en función del principio de equidad tributaria, en el apartado siguiente se explica en qué consiste.

Capítulo II.

METODOLOGÍA DEL JUICIO DE EQUIDAD TRIBUTARIA

En el Semanario Judicial de la Federación se han publicado múltiples tesis y jurisprudencias que se refieren y definen el principio de equidad tributaria, lo que supone también una multitud de sentencias en las que la Suprema Corte ha desarrollado la metodología para juzgar casos en los que se plantean violaciones a tal principio; sin embargo, del análisis que se ha realizado a diversos fallos, advertimos que no existe consistencia respecto a los elementos que se consideran al realizar los respectivos estudios de constitucionalidad, esto es, se han emitido fallos que se han apartado de la metodología definida primigeniamente por el Alto Tribunal.

En este tenor, hemos encontrado sentencias en las que se realizan estudios concisos con niveles mínimos de profundidad argumentativa, pero también identificamos fallos en los que se analizan diversos elementos con un mayor contenido argumentativo, elementos que no necesariamente deben examinarse en un juicio de equidad tributaria.

Ante la falta de consistencia que encontramos en algunas sentencias respecto a la forma en que debe realizarse el juicio de equidad tributaria, a continuación, explicamos la metodología que consideramos fue originalmente definida por la Suprema Corte a través de tesis y jurisprudencias específicas.

Para comenzar a explicar la estructura del juicio de equidad tributaria, es importante destacar que el Pleno de la Suprema

Corte en la jurisprudencia P./J. 41/97[25] precisó que para que un trato diferenciado sea acorde con el principio de equidad tributaria debe ser adecuado y proporcional, de modo que la relación entre la medida adoptada, el resultado que produce y el fin pretendido por el legislador, superen un juicio de equilibrio en sede constitucional, lo cual se advierte de la transcripción de dicho criterio:

> **EQUIDAD TRIBUTARIA. SUS ELEMENTOS.** El principio de equidad no implica la necesidad de que los sujetos se encuentren, en todo momento y ante cualquier circunstancia, en condiciones de absoluta igualdad, sino que, sin perjuicio del deber de los Poderes públicos de procurar la igualdad real, dicho principio se refiere a la igualdad jurídica, es decir, al derecho de todos los gobernados de recibir el mismo trato que quienes se ubican en similar situación de hecho porque la igualdad a que se refiere el artículo 31, fracción IV, constitucional, lo es ante la ley y ante la aplicación de la ley. De lo anterior derivan los siguientes elementos objetivos, que permiten delimitar al principio de equidad tributaria: a) no toda desigualdad de trato por la ley supone una violación al artículo 31, fracción IV, de la Constitución Política de los Estados Unidos Mexicanos, sino que dicha violación se configura únicamente si aquella desigualdad produce distinción entre situaciones tributarias que pueden considerarse iguales sin que exista para ello una justificación objetiva y razonable; b) a iguales supuestos de hecho deben corresponder idénticas consecuencias jurídicas; c) no se prohíbe al legislador contemplar la desigualdad de trato, sino sólo en los casos en que resulta artificiosa o injustificada la distinción; y d) para que la diferenciación tributaria resulte acorde con las garantías de igualdad, las consecuencias jurídicas que resultan de la ley, deben ser adecuadas y proporcionadas, para conseguir el trato equitativo, de manera que la relación entre la medida adoptada, el resultado que produce y el fin pretendido por el legislador, superen un juicio de equilibrio en sede constitucional.

---

25 Tesis P./J. 41/97, publicada en el Semanario Judicial de la Federación y su Gaceta, Pleno, novena época, tomo V, junio de 1997, página 43, registro digital 198403.

Ahora bien, la Primera Sala, en la tesis 1a. LIII/2012 (10a.),[26] expuso que el test de proporcionalidad se utiliza para verificar violaciones al principio de equidad tributaria, específicamente para verificar si el trato normativo desigual es constitucionalmente válido, a través de tres criterios: a) que la distinción legislativa persiga una finalidad objetiva y constitucionalmente válida; b) que la distinción resulte adecuada o racional; y c) que supere un estudio de proporcionalidad en sentido estricto:

> **TEST DE PROPORCIONALIDAD DE LAS LEYES FISCALES. EN ATENCIÓN A LA INTENSIDAD DEL CONTROL CONSTITUCIONAL DE LAS MISMAS, SU APLICACIÓN POR PARTE DE LA SUPREMA CORTE REQUIERE DE UN MÍNIMO Y NO DE UN MÁXIMO DE JUSTIFICACIÓN DE LOS ELEMENTOS QUE LO CONFORMAN.** El principio de proporcionalidad, como instrumento metodológico, es un procedimiento interpretativo para la resolución de conflictos entre los contenidos esenciales de las disposiciones normativas fundamentales, que encuentra asidero constitucional en los diversos principios de igualdad e interdicción de la arbitrariedad o exceso, previstos en los artículos 1o., 14 y 16 de la Constitución Política de los Estados Unidos Mexicanos. Dicho principio opera principal, mas no exclusivamente, cuando se aduce la violación al principio de igualdad o equidad tributaria como manifestación específica de éste, pues en ese caso se requiere llevar a cabo, en primer lugar, un juicio de igualdad mediante la equiparación de supuestos de hecho que permitan verificar si existe o no un trato injustificado, esto a partir de un término de comparación, en la medida en que el derecho a la igualdad es fundamentalmente instrumental y siempre se predica respecto de alguien o algo. Así, para verificar si el tratamiento desigual establecido por el legislador resulta constitucionalmente válido, en segundo lugar, el principio de proporcionalidad se conforma de tres criterios, de conformidad con la jurisprudencia 1a./J. 55/2006, consistentes en: a) que la distinción legislativa persiga una finalidad objetiva y constitucionalmente válida; b) que la distinción establecida resulte adecuada o racional, de manera que constituya un medio apto para conducir al fin u objetivo perseguido, existiendo una relación

---

26 Tesis 1a. LIII/2012 (10a.), publicada en el Semanario Judicial de la Federación y su Gaceta, décima época, libro VII, Abril de 2012, tomo 1, página 882, registro digital 2000683.

> de instrumentalidad medio-fin y, c) la distinción debe ser proporcional, es decir, no es válido alcanzar objetivos constitucionalmente legítimos de un modo abiertamente desproporcional. Ahora, en materia tributaria la Suprema Corte consideró en la jurisprudencia 1a./J. 84/2006, que la intensidad del escrutinio constitucional, a la luz de los principios democrático y de división de poderes, no es de carácter estricto, sino flexible o laxo, en razón de que el legislador cuenta con una amplia libertad en la configuración normativa del sistema tributario sustantivo y adjetivo, de modo que a fin de no vulnerar la libertad política del legislador, en campos como el mencionado, en donde la propia Constitución establece una amplia capacidad de intervención y regulación diferenciada del Estado, considerando que, cuando el texto constitucional establece un margen de discrecionalidad en ciertas materias, eso significa que las posibilidades de injerencia del juez constitucional son menores y, por ende, la intensidad de su control se ve limitada. Consecuentemente, la aplicación del principio de proporcionalidad por parte de la Suprema Corte en su carácter de Tribunal Constitucional, implica que el cumplimiento de los criterios que lo integran requiere de un mínimo y no de un máximo de justificación, es decir, basta que la intervención legislativa persiga una finalidad objetiva y constitucionalmente válida; la elección del medio para cumplir tal finalidad no conlleva a exigirle al legislador que dentro de los medios disponibles justifique cuál de todos ellos cumple en todos los grados (cuantitativo, cualitativo y de probabilidad) o niveles de intensidad (eficacia, rapidez, plenitud y seguridad), sino únicamente determinar si el medio elegido es idóneo, exigiéndose un mínimo y no máximo de idoneidad y, finalmente, debe existir una correspondencia proporcional mínima entre el medio elegido y el fin buscado que justifique la intervención legislativa diferenciada entre los sujetos comparables.

La Segunda Sala, en las jurisprudencias 2a./J. 31/2007 y 2a./J. 11/2018 (10a.), expuso que en el juicio de equidad tributaria debe examinarse: a) la existencia de una diferencia de trato entre individuos o grupos que se encuentren en situaciones comparables; b) que la disposición legislativa persiga una finalidad legítima (objetiva y constitucionalmente válida); c) que la distinción constituya un medio apto y adecuado para conducir al fin u objetivo que el legislador quiere alcanzar; y d) que la disposición legislativa no genere afectaciones desproporcionadas de bienes o derechos:

EQUIDAD TRIBUTARIA. CRITERIOS PARA DETERMINAR SI EL LEGISLADOR RESPETA DICHO PRINCIPIO CONSTITUCIONAL. Los criterios generales para determinar si el legislador respeta el principio de equidad tributaria previsto en el artículo 31, fracción IV, de la Constitución Política de los Estados Unidos Mexicanos, consisten en que: 1) exista una diferencia de trato entre individuos o grupos que se encuentren en una situación comparable (no necesariamente idéntica, sino solamente análoga); 2) de existir esa situación comparable, la precisión legislativa obedezca a una finalidad legítima (objetiva y constitucionalmente válida); 3) de reunirse ambos requisitos, la distinción constituya un medio apto y adecuado para conducir al fin u objetivo que el legislador quiere alcanzar, es decir, que exista una relación de instrumentalidad entre la medida clasificatoria y el fin pretendido; y, 4) de actualizarse esas tres condiciones, se requiere, además, que la configuración legal de la norma no dé lugar a una afectación desproporcionada o desmedida de los bienes y derechos constitucionalmente protegidos. Por ende, el examen de constitucionalidad de una ley bajo el principio de equidad tributaria precisa de la valoración de determinadas condiciones, de manera escalonada, generando que el incumplimiento de cualquiera de éstas sea suficiente para estimar que existe una violación al indicado principio constitucional, haciendo innecesario el estudio de las demás.

TEST DE PROPORCIONALIDAD DE LAS LEYES FISCALES. LA INTENSIDAD DE SU CONTROL CONSTITUCIONAL Y SU APLICACIÓN, REQUIEREN DE UN MÍNIMO DE JUSTIFICACIÓN DE LOS ELEMENTOS QUE LO CONFORMAN. El test de proporcionalidad es un procedimiento interpretativo para resolver conflictos de normas fundamentales, apoyado en los principios de igualdad e interdicción de la arbitrariedad o exceso, previstos en los artículos 1o., 14 y 16 de la Constitución Política de los Estados Unidos Mexicanos, y que requiere llevar a cabo, en primer lugar, un juicio de igualdad mediante la equiparación de supuestos de hecho que permitan verificar si existe o no un trato injustificado; en segundo lugar, el principio de proporcionalidad se conforma de tres criterios relativos a que la distinción legislativa: a) persiga una finalidad objetiva y constitucionalmente válida; b) resulte adecuada o racional, de manera que constituya un medio apto para conducir al fin u objetivo perseguido, existiendo una relación de instrumentalidad medio-fin; y, c) sea proporcional. Ahora, en materia tributaria la intensidad del escrutinio constitucional es flexible o laxo, en razón de que el legislador cuenta con libertad configu-

> rativa del sistema tributario sustantivo y adjetivo, de modo que para no vulnerar su libertad política, en campos como el mencionado, las posibilidades de injerencia del Juez constitucional son menores y, por ende, la intensidad de su control se limita a verificar que la intervención legislativa persiga una finalidad objetiva y constitucionalmente válida; la elección del medio para cumplir esa finalidad no conlleva exigir al legislador que dentro de los medios disponibles justifique cuál de todos ellos cumple en todos los grados (cuantitativo, cualitativo y de probabilidad) o niveles de intensidad (eficacia, rapidez, plenitud y seguridad), sino únicamente determinar si el medio elegido es idóneo, exigiéndose un mínimo de idoneidad y que exista correspondencia proporcional mínima entre el medio elegido y el fin buscado que justifique la intervención legislativa diferenciada entre los sujetos comparables.

Ahora bien, dado que el juicio de equidad tributaria supone la realización de un test de proporcionalidad, es necesario precisar que el test es, en palabras de Cárdenas Gracia, "*un método para interpretar y argumentar principios constitucionales cuando ante situaciones jurídicas se encuentran en colisión y se hace necesario determinar cuál de los principios constitucionales en conflicto debe prevalecer*"[27].

El test de proporcionalidad se compone de tres subprincipios: 1) idoneidad, se refiere a que toda intervención legislativa o de autoridad sobre un derecho fundamental, para que sea correcta, debe ser adecuada para conseguir un fin constitucionalmente legítimo; 2) necesidad, exige que toda intervención a un derecho fundamental, para que sea correcta, debe ser la menos lesiva de entre otras posibles medidas; y 3) proporcionalidad en estricto sentido, los beneficios esperados con la medida deben ser de mayor peso a las afectaciones generadas al derecho fundamental.[28]

---

27 Cárdenas Gracia, Jaime, *Manual de derecho constitucional*, Tiran lo Blanch, México, 2020, p. 876.

28 Bernal Pulido, Carlos, *El principio de proporcionalidad y los derechos fundamentales. El principio de proporcionalidad como criterio para determinar el contenido de los derechos fundamentales vinculante para el Legislador*, 4ª edición, Universidad Externado de Colombia, México, 2014, pp. 52-53.

Bernal Pulido indica que "[s]*i una medida de intervención en los derechos fundamentales no cumple con las exigencias de estos tres subprincipios, vulnera el derecho fundamental intervenido y por esta razón debe ser declarada inconstitucional*".[29]

Para Conesa Labastida "*el test se encuentra encaminado a dilucidar si una determinada injerencia estatal en las libertades individuales es permisible en términos constitucionales, realizando una ponderación entre los principios que compiten entre sí*".[30]

Giménez Glück precisa que el test (o principio como también se le denomina) de proporcionalidad, aplicado a los juicios de igualdad, exige que los tratos diferenciados sean proporcionales en cuanto a los medios empleados y a la finalidad que se persigue verificando que las afectaciones que pudieran causarse no sean excesivas:

> La diferencia de trato en una ley supone dar un distinto tratamiento a los diversos grupos en que la norma divide a la sociedad. De esos grupos o categorías, unos salen beneficiados -por otorgarles un bien o no castigarles con una sanción- y otros salen perjudicados -por negarles un bien o castigarles con una sanción una determinada conducta-. Esta diferencia de trato siempre tiene una finalidad. Pues bien, el principio de proporcionalidad aplicado al juicio de igualdad supone la exigencia de que dicha diferencia de trato guarde la relación debida de proporcionalidad entre los medios empleados y la finalidad perseguida, es decir, que para alcanzar la finalidad que se pretende no se sacrifiquen de forma desproporcionada los intereses de los miembros de la categoría perjudicada.[31]

De acuerdo con lo anterior, el test de proporcionalidad, incorporado al juicio de equidad tributaria, constituye un método para resolver colisiones entre el principio de equidad tributaria

---

29 Bernal Pulido, *ibid.*

30 Conesa Labastida, Luisa, "La tropicalización del principio de proporcionalidad: la experiencia de Colombia y México en el ámbito de igualdad", en *Revista de Derecho Político*, UNED, No. 77, enero-abril 2010, p. 355.

31 Giménez Glück, David, *Juicio de igualdad y tribunal constitucional*, Bosch, España, 2004, p. 108.

y otros principios o derechos fundamentales, esencialmente se analiza si los tratos normativos diferenciados tienen una finalidad constitucionalmente válida y si están justificados de manera objetiva y razonable, así, el juez examina si un trato diferenciado está justificado o si resulta arbitrario.

El juicio de equidad tributaria tiene la particularidad de que únicamente se aplican los subprincipios de idoneidad y proporcionalidad en sentido estricto, prescindiéndose del subprincipio de necesidad porque, como se explica más adelante, en materia tributaria el nivel de escrutinio que puede realizar un juez es poco estricto porque el legislador cuenta con una amplia libertad configurativa en la materia, de modo que al juez no le corresponde averiguar si existen otras medidas que pudo haber elegido el legislador para cumplir con la finalidad deseada.

A. Ámbito de aplicación del principio de equidad tributaria

Previamente a realizar un juicio de equidad tributaria, es necesario determinar si la norma en estudio está dentro del ámbito de aplicación de dicho principio, pues existen normas que, aunque puedan considerarse parte de la materia fiscal en función la ley o código en el que se encuentran, no necesariamente se rigen por tal principio.

Sobre esta cuestión, la Suprema Corte ha considerado que la Constitución Política de los Estados Unidos Mexicanos prevé diferentes facetas de la igualdad, de modo que existe un principio general y principios específicos, entre éstos, el de equidad tributaria.[32] Así, como se mencionó previamente, puede decirse

---

32 Ilustra lo anterior la jurisprudencia 2a./J. 64/2016 (10a), publicada en la Gaceta del Semanario Judicial de la Federación, décima época, libro 31, junio de 2016, tomo II, página 791, registro digital 2011887: "**PRINCIPIO GENERAL DE IGUALDAD. SU CONTENIDO Y ALCANCE**. El principio de igualdad tiene un carácter complejo al subyacer a toda la estructura constitucional y se encuentra positivizado en múltiples preceptos de la Constitución Política de los Estados Unidos Mexicanos, que constituyen sus aplicaciones concretas, tales como los artículos 1o., primer y último párrafos, 2o., apartado B, 4o., 13, 14, 17, 31, fracción IV, y 123, apartado A, fracción VII. Esto es, los artículos referidos son

que el principio de equidad tributaria es una especie del principio general de igualdad.

El principio de equidad tributaria es el parámetro de control de regularidad constitucional[33] de normas con determina-

---

normas particulares de igualdad que imponen obligaciones o deberes específicos a los poderes públicos en relación con el principio indicado; sin embargo, estos poderes, en particular el legislativo, están vinculados al principio general de igualdad establecido, entre otros, en el artículo 16 constitucional, en tanto que éste prohíbe actuar con exceso de poder o arbitrariamente. Ahora bien, este principio, como límite a la actividad del legislador, no postula la paridad entre todos los individuos, ni implica necesariamente una igualdad material o económica real, sino que exige razonabilidad en la diferencia de trato, como criterio básico para la producción normativa. Así, del referido principio derivan dos normas que vinculan específicamente al legislador ordinario: por un lado, un mandamiento de trato igual en supuestos de hecho equivalentes, salvo que exista un fundamento objetivo y razonable que permita darles uno desigual y, por otro, un mandato de tratamiento desigual, que obliga al legislador a prever diferencias entre supuestos de hecho distintos cuando la propia Constitución las imponga. De esta forma, para que las diferencias normativas puedan considerarse apegadas al principio de igualdad es indispensable que exista una justificación objetiva y razonable, de acuerdo con estándares y juicios de valor generalmente aceptados, cuya pertinencia debe apreciarse en relación con la finalidad y efectos de la medida considerada, debiendo concurrir una relación de proporcionalidad entre los medios empleados y la finalidad perseguida."

33 "La acepción parámetro, desde su contenido habitual, representa el dato o factor que se toma como necesario para analizar o valorar una situación. Evoca la idea de arquetipo o modelo, y en sentido amplio indica la existencia de un punto de referencia que inevitablemente se transforma en un criterio de comparación.
En el contexto de los derechos, el parámetro adquiere un contenido prescriptivo que describe el referente normativo a partir del cual se lleva a cabo el control constitucional y -hay que decirlo- de convencionalidad de las disposiciones jurídicas y de los actos de los poderes públicos." Astudillo, César, *Derecho procesal constitucional. Estudios sobre la Suprema Corte de Justicia de la Nación*, Tiran lo Blanch, México, 2019, p. 269.
"Como en el léxico común, el lema "parámetro" indica un término de referencia, de confrontación, utilizado por los tribunales constitucionales para verificar la constitucionalidad del objeto

do contenido tributario; es decir, tiene un ámbito de aplicación específico. Las normas que establecen tratos diferenciados que no están comprendidas en el ámbito de aplicación del principio de equidad tributaria, deben analizarse en función del principio general de igualdad.

Es importante precisar que, aunque en términos de los artículos 108, fracción VI y 175, fracción VI, de la Ley de Amparo, los quejosos deben expresar en su demanda los preceptos que prevén los derechos humanos que consideren violados, conforme al artículo 76 de la misma Ley, es obligación del juzgador corregir la cita de los preceptos constitucionales que se estimen transgredidos.[34]

Es común que, cuando no queda del todo claro para los justiciables el ámbito de aplicación en el que se encuentra la norma que pretenden controvertir, señalen imprecisa y conjunta-

---

puesto sobre la base del juicio." Pavani, Giorgia, "PARÁMETRO DE CONSTITUCIONALIDAD", en Ferrer Mac-Gregor, Eduardo y otros (coords.), *Diccionario de Derecho Procesal Constitucional y Convencional*, 2a edición, UNAM, México, 2014, p. 999.

34 "Artículo 76. El órgano jurisdiccional, deberá corregir los errores u omisiones que advierta en la cita de los preceptos constitucionales y legales que se estimen violados, y podrá examinar en su conjunto los conceptos de violación y los agravios, así como los demás razonamientos de las partes, a fin de resolver la cuestión efectivamente planteada, sin cambiar los hechos expuestos en la demanda."
"Artículo 108. La demanda de amparo indirecto deberá formularse por escrito o por medios electrónicos en los casos que la ley lo autorice, en la que se expresará:
(...)
VI. Los preceptos que, conforme al artículo 1o de esta Ley, contengan los derechos humanos y las garantías cuya violación se reclame;
(...)"
"Artículo 175. La demanda de amparo directo deberá formularse por escrito, en el que se expresarán:
(...)
VI. Los preceptos que, conforme a la fracción I del artículo 1o de esta Ley, contengan los derechos humanos cuya violación se reclame; y
(...)"

mente violados los principios de igualdad y equidad tributaria, previstos en los artículos 1 y 31, fracción IV, de la Constitución Federal, respectivamente, en estos casos el juzgador debe analizar cuál es el parámetro de regularidad constitucional aplicable según el contenido de la norma.

Sobre esta cuestión, las Salas coinciden en que cuando se reclama un trato normativo diferenciado que no se rige por el principio de equidad tributaria, el estudio de constitucionalidad debe realizarse en función del principio general de igualdad, lo que se puede corroborar en la jurisprudencia y tesis de rubros siguientes:

> **EQUIDAD TRIBUTARIA. CUANDO SE RECLAMA LA EXISTENCIA DE UN TRATO DIFERENCIADO RESPECTO DE DISPOSICIONES LEGALES QUE NO CORRESPONDEN AL ÁMBITO ESPECÍFICO DE APLICACIÓN DE AQUEL PRINCIPIO, LOS ARGUMENTOS RELATIVOS DEBEN ANALIZARSE A LA LUZ DE LA GARANTÍA DE IGUALDAD**[35]
>
> **EQUIDAD TRIBUTARIA. CUANDO SE RECLAMA LA EXISTENCIA DE UN TRATO DIFERENCIADO RESPECTO DE DISPOSICIONES LEGALES QUE CORRESPONDEN AL ÁMBITO ESPECÍFICO DE APLICACIÓN DE AQUEL PRINCIPIO, ES INNECESARIO QUE, ADEMÁS, LOS ARGUMENTOS RELATIVOS SE ANALICEN A LA LUZ DEL CONTEXTO MÁS AMPLIO DEL DERECHO DE IGUALDAD**[36]

Ahora bien, respecto al tipo de normas que se rigen por el principio de equidad tributaria, la Primera Sala en la tesis 1ª. LXXX/2004,[37] llegó a considerar que el principio se aplicaba

---

35 Jurisprudencia 1a./J. 97/2006, publicada en el Semanario Judicial de la Federación, novena época, tomo XXV, enero de 2007, página 231, registro digital 173569.

36 Tesis 2a. XXX/2017 (10a.), publicada en el Semanario Judicial de la Federación, décima época, libro 40, marzo de 2017, tomo II, página 1390, registro digital 2013884.

37 **GARANTÍA DE EQUIDAD TRIBUTARIA. ES APLICABLE A LAS OBLIGACIONES MATERIALMENTE RECAUDATORIAS, VINCULADAS A LA POTESTAD TRIBUTARIA, COMO SON LAS QUE FORMAN PARTE DEL PROCEDIMIENTO DE AUTODETERMINACIÓN DE LA OBLIGACIÓN FISCAL**, publicada en el Semanario Judicial de la Federación y su Gaceta, novena época, tomo XX, julio de 2004, página 194, registro digital 181136.

tanto a normas que establecen obligaciones sustantivas como formales, por ejemplo, las que regulan la presentación de declaraciones fiscales. Por su parte, la Segunda Sala en la jurisprudencia 2a./J. 102/2004[38], sostuvo que el principio no era aplicable a obligaciones formales.

Esta falta de correspondencia entre las Salas fue resuelta por el Pleno en la contradicción de tesis 375/2010[39], en la que se determinó que el ámbito específico de aplicación del principio de equidad tributaria se refiere, por regla general, a las normas que inciden en la configuración de la obligación fiscal sustantiva y, excepcionalmente, a obligaciones de carácter formal si éstas inciden en la referida obligación sustantiva.

El Alto Tribunal definió a la obligación fiscal sustantiva o principal como la que consiste, específicamente, en un dar; esto es, el deber de pago de la contribución.

Por lo que hace a la obligación formal o secundaria, la clasificó en los siguientes términos:

a) De hacer. Presentar declaraciones, inscribirse en el Registro Federal de Contribuyentes, llevar determinados libros para su contabilidad, guardar la documentación referente a su actividad por determinado tiempo, expedir documentos determinados respecto a su giro, dar aviso de modificaciones a sus estatutos, en el caso de personas morales, entre otras.

---

38 **RENTA. A LA OBLIGACIÓN DE PRESENTAR DECLARACIONES POR MEDIOS ELECTRÓNICOS, PREVISTA EN EL ARTÍCULO 86, FRACCIÓN X, DE LA LEY DEL IMPUESTO RELATIVO, VIGENTE A PARTIR DEL 1o. DE ENERO DE 2002, NO LE SON APLICABLES LOS PRINCIPIOS DE JUSTICIA FISCAL**, publicada en el Semanario Judicial de la Federación y su Gaceta, novena época, tomo XX, agosto de 2004, página 418, registro digital 180799.

39 De dicho asunto derivó la jurisprudencia P./J. 8/2012 (10a), de rubro: **DECLARACIÓN FISCAL. LA OBLIGACIÓN DE PRESENTARLA ES DE CARÁCTER FORMAL, POR LO QUE NO SE RIGE POR EL PRINCIPIO DE EQUIDAD TRIBUTARIA**, publicada en el Semanario Judicial de la Federación y su Gaceta, décima época, libro X, julio de 2012, tomo 1, página 5, registro digital 2001091.

b) De no hacer. No proporcionar datos falsos, no oponerse a las facultades de comprobación de la autoridad fiscal, no llevar dos o más libros similares de contabilidad con datos diversos, etcétera.

c) De tolerar. Permitir la práctica de visitas domiciliarias, permitir la revisión de sus libros de contabilidad, papeles, entre otras.

Adicionalmente, en la tesis P. XI/2001[40], se consideró que el principio de equidad tributaria es aplicable también a las disposiciones que regulan la devolución que el particular tiene derecho a obtener, por parte del fisco, de las sumas de dinero entregadas por aquél indebidamente o por virtud de la generación de algún saldo a favor, bajo la lógica de que el citado principio actúa no solamente exigiendo que los particulares que se encuentran en una misma posición frente al hecho imponible entreguen cantidad igual de dinero, sino obligando al Estado a reparar la desigualdad que nace cuando una persona entrega una cantidad superior a la debida, reintegrándole el quebranto patrimonial sufrido injustificadamente.

Actualmente, las Salas han emitido tesis y jurisprudencias en las que coinciden sobre el ámbito normativo que se rige por el principio de equidad tributaria, como se ve en la siguiente transcripción:

> **EQUIDAD TRIBUTARIA. ÁMBITO ESPECÍFICO DE SU APLICACIÓN.** La Primera Sala de la Suprema Corte de Justicia de la Nación ha sostenido que la Constitución Política de los Estados Unidos Mexicanos prevé diferentes facetas de la igualdad, y se refiere a ella tanto en un plano general como en el contexto de un ámbito material específico, sin establecer casos de excepción en

40 **PAGO INDEBIDO DE CONTRIBUCIONES. LOS PRINCIPIOS DE PROPORCIONALIDAD Y EQUIDAD TRIBUTARIA QUE RIGEN LAS RELACIONES JURÍDICAS QUE SURGEN POR TAL MOTIVO, EXIGEN QUE EL LEGISLADOR ESTABLEZCA LOS MECANISMOS PARA QUE EL FISCO EFECTÚE LA DEVOLUCIÓN RESPECTIVA**, publicada en el Semanario Judicial de la Federación y su Gaceta, novena época, tomo XIV, julio de 2001, página 9, registro digital 189285.

su aplicación. Así, se ha señalado que el artículo 31, fracción IV, constitucional proyecta las exigencias del principio de igualdad sobre el ámbito impositivo, debiendo apreciarse que la garantía de equidad no tiene menor o mayor valor que la de igualdad garantizada en otros preceptos constitucionales, en tanto que la primera es una manifestación concreta de esta última. En este contexto, debe tenerse presente que este Alto Tribunal ha delimitado el contenido de la garantía de equidad tributaria, precisando que ésta radica en la igualdad ante la misma ley tributaria de los sujetos pasivos de un mismo gravamen. En tal sentido, la Suprema Corte ha precisado progresivamente su alcance y ha señalado que la referida garantía, a través de un texto formal y materialmente legislativo, resulta aplicable al establecimiento de las contribuciones, de las exenciones previstas con motivo de éstas, así como de las obligaciones materialmente recaudatorias vinculadas a la potestad tributaria. De manera que cuando las disposiciones analizadas no corresponden al ámbito específico de aplicación de la garantía de equidad tributaria -es decir, cuando se trata de disposiciones legales que no se refieren a contribuciones, exenciones o a la delimitación de obligaciones materialmente recaudatorias, así como en los casos de normas que tengan repercusión fiscal y sean emitidas por el Ejecutivo- los argumentos que reclaman la existencia de un trato diferenciado o discriminatorio entre dos personas o grupos deben analizarse en el contexto más amplio que corresponde a la garantía de igualdad.[41]

EQUIDAD TRIBUTARIA. ESTE PRINCIPIO RIGE EN OBLIGACIONES SUSTANTIVAS Y FORMALES, PERO EN ESTA ÚLTIMA HIPÓTESIS ES BÁSICO QUE INCIDA DIRECTAMENTE SOBRE LAS PRIMERAS. El cumplimiento de la obligación prevista en el artículo 31, fracción IV, de la Constitución Federal tiene un contenido económico que se traduce en el pago en dinero de las sumas que el poder público legislativamente determina por medio de una contribución, cuya cuantía impone al causante. En ese tenor, el principio de equidad tributaria previsto en la citada Norma Suprema está dirigido a todos los elementos fiscales vinculados directamente con la causación, exención, devolución, entre otras figuras fisca-

41 Tesis 1a. CXXXVI/2005, publicada en el Semanario Judicial de la Federación, novena época, tomo XXII, noviembre de 2005, página 39, registro digital 176712.

> les que inciden en la obligación sustantiva relativa al pago de la contribución, es decir, no sólo los referidos al sujeto, objeto, tasa y base, trascienden a la obligación esencial de pago, sino también algunas obligaciones formales, que no son simples medios de control en la recaudación a cargo de la autoridad administrativa, ya que están estrechamente vinculadas con el núcleo del tributo (pago), siendo que en este supuesto igualmente rige a plenitud el citado principio de justicia fiscal.[42]

De esta forma, no necesariamente toda norma que se considere comprendida en la materia fiscal será analizada a la luz del principio de equidad tributaria, sino únicamente las que influyen en la configuración de la obligación fiscal. En el caso de que las normas impugnadas, por establecer tratos diferenciados, no correspondan al ámbito específico de aplicación del principio de equidad tributaria, el parámetro de control de regularidad constitucional aplicable es el principio general de igualdad y el juez deberá realizar su estudio conforme a este parámetro.

Adicionalmente, es importante precisar que, si una norma que incide en la obligación fiscal material establece un trato normativo diferenciado con base en una de las categorías previstas en el último párrafo del artículo 1º constitucional, el parámetro de regularidad aplicable será el principio general de igualdad, porque involucra un trato diferenciado con base en una categoría especialmente protegida en el mencionado artículo 1°:

> "1o. (...)
>
> Queda prohibida toda discriminación motivada por origen étnico o nacional, el género, la edad, las discapacidades, la condición social, las condiciones de salud, la religión, las opiniones, las preferencias sexuales, el estado civil o cualquier otra que atente contra la dignidad humana y tenga por objeto anular o menoscabar los derechos y libertades de las personas."

---

42 Tesis 2a./J. 183/2004, publicada en el Semanario Judicial de la Federación y su Gaceta, novena época, tomo XXI, enero de 2005, página 541, registro digital 179587.

En efecto, pueden existir casos en los que se establezcan tratos diferenciados con base en las denominadas "categorías sospechosas", las cuales están afectadas por una sospecha de inconstitucionalidad, porque en la constitución se prevé que no pueden utilizarse para establecer tratos discriminatorios que atenten contra la dignidad y anulen derechos y libertades de las personas.

Un ejemplo que ilustra lo anterior, es el caso de una norma que establece beneficios fiscales con base en una categoría sospechosa, por ejemplo, la posibilidad de deducir para efectos del impuesto sobre la renta los gastos médicos de los cónyuges, únicamente si se trata de parejas heterosexuales.

En este caso, la norma (subinclusiva) estaría otorgando un beneficio fiscal en función de las preferencias sexuales de las personas, es decir, con base en una categoría sospechosa, por tanto, aun cuando la norma -por incidir en la configuración de la obligación fiscal sustantiva- pueda regirse por el principio de equidad tributaria, la referencia a una categoría sospechosa la coloca en el ámbito de aplicación del principio general de igualdad y su constitucionalidad debe examinarse a la luz de este parámetro.

> **IGUALDAD. CASOS EN LOS QUE EL JUEZ CONSTITUCIONAL DEBE HACER UN ESCRUTINIO ESTRICTO DE LAS CLASIFICACIONES LEGISLATIVAS (INTERPRETACIÓN DEL ARTÍCULO 1o. DE LA CONSTITUCIÓN POLÍTICA DE LOS ESTADOS UNIDOS MEXICANOS).** La igualdad es un principio y un derecho de carácter fundamentalmente adjetivo que se predica siempre de algo, y este referente es relevante al momento de realizar el control de constitucionalidad de las leyes, porque la Norma Fundamental permite que en algunos ámbitos el legislador tenga más amplitud para desarrollar su labor normativa, mientras que en otros el Juez debe ser más exigente a la hora de determinar si aquél ha respetado las exigencias del principio de igualdad. El artículo 1o. de la Constitución Federal establece varios casos en los que procede dicho escrutinio estricto. Así, su primer párrafo proclama que todo individuo debe gozar de las garantías que ella otorga, las cuales no pueden restringirse ni suspenderse sino en los casos y con las condiciones que la misma establece, lo que evidencia la voluntad constitucional de asegurar en los más amplios términos el goce de los derechos fundamentales, y de que las limitaciones a ellos sean concebidas restrictivamente, de conformidad con el carácter excepcional que la

Constitución les atribuye. Por ello, siempre que la acción clasificadora del legislador incida en los derechos fundamentales garantizados constitucionalmente, será necesario aplicar con especial intensidad las exigencias derivadas del principio de igualdad y no discriminación. Por su parte, el párrafo tercero del citado precepto constitucional muestra la voluntad de extender la garantía de igualdad a ámbitos que trascienden el campo delimitado por el respeto a los derechos fundamentales explícitamente otorgados por la Constitución, al prohibir al legislador que en el desarrollo general de su labor incurra en discriminación por una serie de motivos enumerados (origen étnico o nacional, género, edad, capacidades diferentes, condición social, condiciones de salud, religión, opiniones, preferencias, estado civil) o en cualquier otro que atente contra la dignidad humana y tenga por objeto anular o menoscabar los derechos y libertades de las personas. La intención constitucional es, por lo tanto, extender las garantías implícitas en el principio de igualdad al ámbito de las acciones legislativas que tienen un impacto significativo en la libertad y la dignidad de las personas, así como al de aquellas que se articulan en torno al uso de una serie de criterios clasificatorios mencionados en el referido tercer párrafo, sin que ello implique que al legislador le esté vedado absolutamente el uso de dichas categorías en el desarrollo de su labor normativa, sino que debe ser especialmente cuidadoso al hacerlo. En esos casos, el Juez constitucional deberá someter la labor del legislador a un escrutinio especialmente cuidadoso desde el punto de vista del respeto a la garantía de igualdad.[43]

EQUIDAD TRIBUTARIA. CUANDO SE RECLAMA LA EXISTENCIA DE UN TRATO DIFERENCIADO RESPECTO DE DISPOSICIONES LEGALES QUE CORRESPONDEN AL ÁMBITO ESPECÍFICO DE APLICACIÓN DE AQUEL PRINCIPIO, ES INNECESARIO QUE, ADEMÁS, LOS ARGUMENTOS RELATIVOS SE ANALICEN A LA LUZ DEL CONTEXTO MÁS AMPLIO DEL DERECHO DE IGUALDAD. La Constitución Política de los Estados Unidos Mexicanos prevé diferentes facetas de la igualdad y se refiere a ésta tanto en un plano general como en el contexto de un ámbito material específico; en su artícu-

---

43 Tesis 1a./J. 37/2008, publicada en el Semanario Judicial de la Federación, novena época, tomo XXVII, abril de 2008, página 175, registro digital 169877.

lo 31, fracción IV, proyecta las exigencias del principio de igualdad sobre el ámbito impositivo, es decir, el principio de equidad tributaria es la manifestación del principio de igualdad en materia fiscal, por lo que no tiene menor o mayor valor que la igualdad consagrada en otros preceptos constitucionales. Ahora, sólo en el caso de que las disposiciones legales reclamadas en forma destacada no correspondan al ámbito específico de aplicación del principio de equidad tributaria (cuando no se refieren a contribuciones, exenciones o a la delimitación de obligaciones materialmente recaudatorias que tengan repercusión fiscal) los argumentos que reclaman la existencia de un trato diferenciado entre dos personas o grupos deben analizarse en un contexto más amplio, esto es, a la luz del diverso de igualdad (excepción hecha de que la distinción se base en una de las categorías sospechosas a las que se refiere el artículo 1o. constitucional, pues en ese caso siempre se procederá al pronunciamiento en relación con el derecho de igualdad). En ese sentido, si una norma puede analizarse a la luz del ámbito específico del principio de equidad tributaria, resultaría ocioso que también tuviera que realizarse un pronunciamiento respecto de ella bajo el contexto amplio del derecho de igualdad, porque la disposición reclamada es apta para que se verifique su regularidad constitucional a la luz del referido principio de justicia tributaria, el cual constituye una faceta del derecho a la igualdad.[44]

---

44 Tesis 2a. XXX/2017 (10a.), publicada en el Semanario Judicial de la Federación, décima época, libro 40, marzo de 2017, tomo II, página 1390, registro digital 2013884.

PRECEDENTES RELEVANTES

1. **Amparo en revisión 528/2022 resuelto por la Segunda Sala de la Suprema Corte de Justicia de la Nación el 26 de abril de 2023. Obligación de informar sobre la enajenación de acciones o títulos valor entre residentes en el extranjero sin establecimiento permanente en México.**

En este asunto se impugnaron los artículos 76, fracción XX, de la Ley del Impuesto sobre la Renta y 26, fracción XI, del Código Fiscal de la Federación, en relación con la regla 3.9.18. de la Resolución Miscelánea Fiscal para 2022, así como la ficha de trámite 157/ISR "Aviso de enajenación de acciones llevadas a cabo entre residentes en el extranjero" del Anexo 1-A.

El artículo 76, fracción XX, de la Ley del Impuesto sobre la Renta establece una obligación para los contribuyentes que tributen bajo el régimen del Título II "DE LAS PERSONAS MORALES", dicha obligación consiste en informar a las autoridades fiscales la enajenación de acciones o títulos valor que representen la propiedad de bienes, efectuada entre residentes en el extranjero sin establecimiento permanente en México; específicamente se debe informar lo siguiente:

a) Fecha de enajenación de acciones o títulos valor que representen la propiedad de bienes en términos del artículo 161 de la Ley del Impuesto sobre la Renta.

b) Nombre, denominación o razón social, número de identificación fiscal y país de residencia de los residentes en el extranjero sin establecimiento permanente en México.

c) Fecha de entero del impuesto sobre la renta.

d) Monto del impuesto pagado.

La información deberá presentarse a más tardar durante el mes siguiente a la fecha en la que ocurra la operación.

Para las personas morales que no presenten la información, se establece como consecuencia que serán responsables solidarios en el cálculo y entero del impuesto correspondiente al residente en el extranjero, en los términos del artículo 26, fracción XI, del Código Fiscal de la Federación. Por otra parte, la regla 3.9.18. de la Resolución Miscelánea Fiscal para dos mil veintidós, establece que la información a que se refiere el artículo 76, fracción XX, de la Ley del Impuesto sobre la Renta deberá presentarse por medio de la ficha de trámite 157/ISR.

La parte quejosa (sociedad anónima bursátil) planteó que el sistema normativo referido viola los principios de igualdad y equidad tributaria.

La quejosa argumentó que las sociedades anónimas bursátiles que colocaban sus acciones en el mercado de valores para su enajenación por conducto de intermediarios bursátiles, a diferencia de otras sociedades mercantiles, no tenían a su disposición la información que, conforme al artículo 76, fracción XX, de la Ley del Impuesto sobre la Renta, estaban obligadas a entregar a la autoridad fiscal.

La quejosa planteó que estaba en una situación distinta a la del resto de las sociedades anónimas mercantiles sujetas a la misma obligación, pues éstas sí contaban con la información que se debe presentar ante la autoridad fiscal, pero las sociedades anónimas bursátiles (como la quejosa) no disponían de la información necesaria para presentar el aviso informativo, de modo que impugnó el sistema normativo por considerarlo sobreinclusivo.

La Segunda Sala consideró que el artículo 76, fracción XX, de la Ley del Impuesto sobre la Renta establece una obligación formal que consiste en la presentación de información ante la autoridad fiscal, pero no se trata de una obligación fiscal sustantiva porque no se refería al pago de una prestación pecuniaria derivada de la realización del hecho generador del impuesto sobre la renta.

Precisó que aun cuando el incumplimiento de la obligación conllevaba la responsabilidad solidaria en el pago del impuesto sobre la renta causado por la enajenación de acciones o títulos valor, esto no implica que lo previsto en el artículo 76, fracción XX, de la Ley del Impuesto sobre la Renta fuera una obligación fiscal sustantiva, porque el referido artículo, así como el 26, fracción XI, del Código Fiscal de la Federación, no regula los elementos esenciales del impuesto sobre la renta; asimismo, destacó que la finalidad del sistema normativo era facilitar la gestión tributaria.

Luego, la Segunda Sala consideró que el sistema normativo impugnado no se encontraba dentro del ámbito de aplicación del principio de equidad tributaria, porque no se refería al establecimiento de contribuciones, a las exenciones previstas con motivo de éstas, ni a obligaciones materialmente recaudatorias vinculadas a la potestad tributaria.

Consecuentemente, la Sala consideró que el sistema normativo impugnado no se encuentra en el ámbito de aplicación del principio de equidad tributaria y estudió su constitucionalidad conforme al principio general de igualdad previsto en el artículo 1 constitucional.

2. Amparo en revisión 241/2023 resuelto por la Segunda Sala de la Suprema Corte de Justicia de la Nación el 30 de agosto de 2023. Elección del régimen fiscal en el que se pretende tributar.

En este caso, se impugnó el artículo segundo, fracciones IX y X de las disposiciones transitorias de la Ley del Impuesto sobre la Renta, contenidas en el decreto publicado el 12 de noviembre de 2021; así como la regla 3.13.27. y el artículo Cuadragésimo Segundo Transitorio de la Resolución Miscelánea Fiscal para 2022.

Las fracciones IX y X del artículo segundo transitorio establecen que los contribuyentes que al treinta y uno de agosto de dos mil veintiuno estuvieron tributando en términos del Régimen de Incorporación Fiscal (RIF), podrían optar por seguir pagando el impuesto sobre la renta conforme a ese régimen.

La Regla 3.13.27. de la Resolución Miscelánea Fiscal prevé que la autoridad fiscal puede actualizar las obligaciones fiscales de los contribuyentes en función del régimen fiscal en el que tributen. Por otra parte, el artículo cuadragésimo segundo transitorio de dicha resolución establece que los contribuyentes que decidan seguir pagando sus impuestos conforme al RIF deberán presentar un aviso en el que manifiesten su elección.

La parte quejosa planteó que el sistema normativo viola el principio de igualdad y su especie de equidad tributaria.

Para la quejosa el sistema normativo establece un trato diferenciado porque crea dos categorías de contribuyentes; los que tributaron en el RIF al 31 de agosto de 2021 y los que tributaron en el régimen después de esa fecha. A los primeros les permitía optar seguir tributando conforme a ese régimen, mientras que los segundos estaban obligados a comenzar a tributar con las reglas del régimen simplificado de confianza (RESICO).

La Segunda Sala estimó que las normas impugnadas están dentro del ámbito de aplicación del principio de equidad tributaria, ya que tienen repercusión en la obligación fiscal material relacionada con la determinación del impuesto sobre la renta, pues permite que las personas físicas opten por seguir pagando el impuesto conforme a las reglas del RIF, o bien, conforme al RESICO, ambos regulados en la Ley del Impuesto sobre la Renta.

Para la Sala la elección de uno u otro régimen implica la determinación del impuesto sobre la renta conforme a reglas distintas, relacionadas con la determinación de ingresos acumulables, aplicación de deducciones, tarifas y momento de pago de la contribución, de modo que incide en la obligación fiscal sustantiva y, por tanto, el parámetro de control de regularidad constitucional aplicable es el principio de equidad tributaria.

B. Incidencia prima facie: trato diferenciado y término de comparación

Una vez establecido que la norma impugnada se rige por el principio de equidad tributaria, se debe determinar si tiene una incidencia *prima facie* en el citado principio, para ello es necesario determinar si la norma es sobreinclusiva o subinclusiva.

Una norma es sobreinclusiva porque establece el mismo trato a personas que se encuentran en situaciones distintas, es decir, trata igual a los desiguales, por ejemplo, una norma que impone la misma obligación a personas que se encuentran en situaciones distintas, el que no se encuentren en la misma situación genera que un grupo de personas sí esté en posibilidad de cumplir con la obligación, mientras que otro grupo no podría cumplir con la obligación y podrían ser sancionadas por el incumplimiento. En ese caso es necesario evidenciar en qué consisten las diferencias para demostrar que la norma es sobreinclusiva.

Es subinclusiva la norma que genera un trato desigual a quienes se encuentran en las mismas circunstancias, por ejemplo, las normas que otorgan derechos o beneficios a determinadas personas, excluyendo a otras que se encuentran en la misma situación.[45] En estos casos, se debe proponer un término de comparación idóneo para evidenciar que el particular demandante se encuentra en la categoría excluida o menos beneficiada por la norma.

Al respecto, la Segunda Sala de la Suprema Corte en la tesis 2a. LXII/2018 (10a.)[46] precisó que el trato normativo diferenciado

---

45 En este punto es importante aclarar que al impugnar una norma subinclusiva naturalmente no existe un acto de aplicación, de modo que es un requisito que no debe exigirse para efectos de la procedencia del juicio de amparo, véase la tesis 1a. XLVI/2012 (10a.), de rubro: **AMPARO DIRECTO CONTRA NORMAS GENERALES. LA EXCEPCIÓN A LA REGLA GENERAL PARA SU IMPUGNACIÓN, CONSISTENTE EN LA EXISTENCIA DE UN ACTO DE APLICACIÓN CONCRETO DE LA DISPOSICIÓN NORMATIVA QUE SE TILDA DE INCONSTITUCIONAL, SE ACTUALIZA CUANDO EN LOS CONCEPTOS DE VIOLACIÓN SE ADUCE LA CONTRAVENCIÓN AL PRINCIPIO DE IGUALDAD O EQUIDAD TRIBUTARIA**, publicada en el Semanario Judicial de la Federación y su Gaceta, décima época, libro VI, marzo de 2012, tomo 1, página 269, registro digital 2000310.

46 Véase la tesis 2a. LXII/2018 (10a.), de rubro: **EQUIDAD TRIBUTARIA. EL TRATO LEGISLATIVO DIVERSO Y EL PARÁMETRO O TÉRMINO DE COMPARACIÓN, CONSTITUYEN ASPECTOS DIFERENTES ENTRE SÍ, QUE DEBEN TOMARSE EN CONSIDERACIÓN AL REALIZAR EL ANÁLISIS DE REGULARIDAD CONSTITUCIONAL DE NORMAS CONFORME A AQUEL PRIN-**

es generado por las hipótesis jurídicas previstas en las normas reclamadas, es decir, el trato diferenciado se debe desprender de un análisis en abstracto de las hipótesis normativas.

En seguida, es necesario verificar si existe un término o parámetro de comparación idóneo que demuestre que las situaciones jurídicas que reciben un trato distinto son realmente similares o análogas, según las características propias de los sujetos u objetos que se comparan.

El término de comparación debe ser idóneo, es decir, las situaciones que se propongan para ser comparadas deben tener similitudes según los objetos, sujetos o instituciones jurídicas respecto de las que se dice que existe un trato diverso, por ejemplo, sería adecuado realizar comparaciones entre cosas o entre personas, pero no podrían compararse cosas con personas.[47]

Tratándose de contribuciones debe tomarse en cuenta su naturaleza, por ejemplo, la Suprema Corte ha considerado que en el caso de los impuestos directos, es posible comparar sujetos que se encuentran en determinada situación jurídica para efectos tributarios, mientras que si se trata de impuestos indirectos, la comparación puede realizarse en función de los bienes o actividades sobre los que incide la tributación:

> **IMPUESTOS DIRECTOS E INDIRECTOS. SUS DIFERENCIAS, A LA LUZ DE LA GARANTÍA DE EQUIDAD TRIBUTARIA.** Para analizar la constitucionalidad de una norma tributaria, a la luz de la garantía de equidad tributaria consagrada en el artículo 31, fracción IV, de la Constitución Política de los Estados Unidos Mexicanos, es necesario determinar si el impuesto es de carácter directo o indirecto. En el caso de los primeros, dicho análisis debe realizarse

---

CIPIO, publicada en la Gaceta del Semanario Judicial de la Federación, décima época, libro 55, junio de 2018, tomo II, página 1478, registro digital 2017163.

47 "...el objetivo del recurrente siempre es demostrar que su caso, situado en la categoría menos beneficiada por el trato legal, es un supuesto de hecho igual o similar a otro que se sitúa en la categoría más beneficiada por el trato legal. Este supuesto de hecho que sirve de comparación pertenece a lo que se denomina *tertium comparationis* (término de comparación)." Giménez Glück, *op cit*, p. 71.

> a partir de la comparación entre sujetos, es decir, cuando dos contribuyentes se ubican en diversas situaciones se verificará si el tratamiento diferenciado, otorgado por el legislador, es razonable y objetivo, para que no se dé una transgresión a la garantía referida; y para los segundos, su examen puede justificarse, no a partir de los sujetos pasivos de la relación tributaria, sino de la existencia de supuestos en los cuales el órgano de control constitucional pueda valorar la equidad de la ley, con el fin de cerciorarse de que el órgano legislativo esté cumpliendo con el mencionado principio; de manera que es válido excepcionalmente que el estudio de la equidad se haga en atención a los bienes sobre los que incide la tributación y no sobre los sujetos, ya que para cierto tipo de impuestos indirectos la vulneración a la garantía de equidad puede materializarse en la configuración del hecho imponible, por medio de una discriminación a determinados productos o actividades sobre las que el legislador puede incidir y dejar fuera de la tributación a otros, que por sus características sean muy similares o inclusive idénticos, pero que por virtud de la configuración del tributo queden exentos de su pago o, en algunos casos, fuera del supuesto de sujeción.[48]

Cuando el término de comparación no es idóneo para demostrar que existe un trato normativo diferenciado, los conceptos de violación o agravios en los que se haya argumentado la violación al principio de equidad tributaria deben declararse inoperantes, en estos casos es innecesario continuar con el estudio:

> **IGUALDAD. SON INOPERANTES LOS CONCEPTOS DE VIOLACIÓN EN LOS QUE SE ALEGUE VIOLACIÓN A DICHO PRINCIPIO, SI EL QUEJOSO NO PROPORCIONA EL PARÁMETRO O TÉRMINO DE COMPARACIÓN PARA DEMOSTRAR QUE LA NORMA IMPUGNADA OTORGA UN TRATO DIFERENCIADO.** En la medida en que la definición conceptual del principio de igualdad formulada por la Primera Sala de la Suprema Corte de Justicia de la Nación, en la tesis aislada 1a. CXXXVIII/2005, exige como requisito previo al juicio de igualdad que se proporcione un término de comparación, esto es, un parámetro o medida válida a partir de la

48 Tesis 1a. XCII/2012 (10a.), publicada en el Semanario Judicial de la Federación y su Gaceta, décima época, libro VIII, mayo de 2012, tomo 1, página 1098, registro digital 2000806.

> cual se juzgará si existe o no alguna discriminación y que sirva como criterio metodológico para llevar a cabo el control de la constitucionalidad de las disposiciones normativas que se consideren contrarias al referido principio. Así, si en los conceptos de violación no se proporciona dicho término de comparación, entonces deben calificarse como inoperantes, pues no existen los requisitos mínimos para atender a su causa de pedir.[49]
>
> **IGUALDAD O EQUIDAD TRIBUTARIA. LOS CONCEPTOS DE VIOLACIÓN O AGRAVIOS EN LOS QUE SE HAGA VALER LA VIOLACIÓN A DICHOS PRINCIPIOS, SON INOPERANTES SI NO SE PROPORCIONA UN TÉRMINO DE COMPARACIÓN IDÓNEO PARA DEMOSTRAR QUE LA NORMA IMPUGNADA OTORGA UN TRATO DIFERENCIADO.** Para llevar a cabo un juicio de igualdad o equidad tributaria es necesario contar con un punto de comparación, es decir, con algún parámetro que permita medir a las personas, objetos o magnitudes entre las cuales se afirma existe un trato desigual, en razón de que el derecho a la igualdad es fundamentalmente instrumental y siempre se predica respecto de algo. En ese sentido, la carga argumentativa de proponer el término de comparación implica que sea idóneo, pues debe permitir que efectivamente se advierta la existencia de algún aspecto homologable, semejante o análogo entre los elementos comparados. Así, de no proporcionarse el punto de comparación para medir un trato disímil o que éste no sea idóneo, el concepto de violación o agravio en el que se haga valer la violación al principio de igualdad o equidad tributaria deviene en inoperante.[50]

Es importante señalar que en el juicio de amparo corresponde a los quejosos exponer cuáles son las situaciones susceptibles de ser comparadas y señalar cómo es que se encuentran en la situación menos beneficiada, salvo que se actualice algún supuesto en el que se deba suplir la deficiencia de los

---

49 Jurisprudencia 1a./J. 47/2016 (10a.), publicada en la Gaceta del Semanario Judicial de la Federación, décima época, libro 34, septiembre de 2016, tomo I, página 439, registro digital 2012603.

50 Jurisprudencia 2a./J. 54/2018 (10a.), publicada en la Gaceta del Semanario Judicial de la Federación, Décima Época, Libro 54, Mayo de 2018, Tomo II, página 1356, registro digital 2017007.

conceptos de violación o agravios en términos del artículo 79 de la Ley de Amparo.[51]

---

51 "Artículo 79. La autoridad que conozca del juicio de amparo deberá suplir la deficiencia de los conceptos de violación o agravios, en los casos siguientes:

I. En cualquier materia, cuando el acto reclamado se funde en normas generales que han sido declaradas inconstitucionales por la jurisprudencia de la Suprema Corte de Justicia de la Nación y de los plenos regionales. La jurisprudencia de los plenos regionales sólo obligará a suplir la deficiencia de los conceptos de violación o agravios a los juzgados y tribunales de la región correspondientes;

II. En favor de los menores o incapaces, o en aquellos casos en que se afecte el orden y desarrollo de la familia;

III. En materia penal:
   a) En favor del inculpado o sentenciado; y
   b) En favor del ofendido o víctima en los casos en que tenga el carácter de quejoso o adherente;

IV. En materia agraria:
   a) En favor del inculpado o sentenciado; y
   b) En favor del ofendido o víctima en los casos en que tenga el carácter de quejoso o adherente;

   En estos casos deberá suplirse la deficiencia de la queja y la de exposiciones, comparecencias y alegatos, así como en los recursos que los mismos interpongan con motivo de dichos juicios;

V. En materia laboral, en favor del trabajador, con independencia de que la relación entre empleador y empleado esté regulada por el derecho laboral o por el derecho administrativo;

VI. En otras materias, cuando se advierta que ha habido en contra del quejoso o del particular recurrente una violación evidente de la ley que lo haya dejado sin defensa por afectar los derechos previstos en el artículo 10 de esta Ley. En este caso la suplencia sólo operará en lo que se refiere a la controversia en el amparo, sin poder afectar situaciones procesales resueltas en el procedimiento en el que se dictó la resolución reclamada; y

VII. En cualquier materia, en favor de quienes por sus condiciones de pobreza o marginación se encuentren en clara desventaja social para su defensa en el juicio.

En los casos de las fracciones I, II, III, IV, V y VII de este artículo la suplencia se dará aún ante la ausencia de conceptos

Dicho en otras palabras, la parte quejosa debe plantear el contraste o confrontación entre personas, regímenes, situaciones o aspectos que sean, efectivamente, comparables en atención a sus propias características y particularidades (no se exige que sean idénticas, sino sólo lo suficientemente análogas para poder efectuar una comparación válida).

PRECEDENTES RELEVANTES

1. **Amparo en revisión 923/2015, resuelto por la Segunda Sala de la Suprema Corte de Justicia de la Nación el 9 de noviembre de 2016. No existe el trato diferenciado.**

La quejosa reclamó el artículo 74, párrafos décimo segundo y décimo cuarto, de la Ley del Impuesto sobre la Renta, vigente a partir del 1 de enero de 2014, por considerar que viola el principio de equidad tributaria ya que establece un trato diferenciado entre los contribuyentes que tributaban en el régimen de actividades agropecuarias, pues otorgaba un beneficio consistente en la reducción del impuesto únicamente a los sujetos pasivos cuyos ingresos no superaran las 423 veces el salario mínimo general elevado al año, excluyendo a los contribuyentes cuyos ingresos superaban ese límite.

Del análisis que la Segunda Sala realizó al artículo 74 de la Ley del Impuesto sobre la Renta advirtió lo siguiente:

- Precisaba a los contribuyentes que estaban sujetos al régimen de actividades agrícolas, ganaderas, silvícolas y pesqueras.
- Establecía las reglas para el cálculo del impuesto sobre la renta del ejercicio fiscal.
- Delimitaba la manera en que se aplicarían los beneficios otorgados para los contribuyentes del sector primario, como la exención y la reducción del impuesto determinado.

de violación o agravios. En estos casos solo se expresará en las sentencias cuando la suplencia derive de un beneficio. La suplencia de la queja por violaciones procesales o formales sólo podrá operar cuando se advierta que en el acto reclamado no existe algún vicio de fondo."

- Establecía un monto relativo a la exención de ingresos y de reducción al impuesto, en idéntica cantidad para todas las personas físicas que tributaban en el sector primario. Asimismo, para las personas morales otorgaba tanto la exención como la reducción del impuesto, en igual cantidad.

A partir de lo anterior, la Sala consideró que la mecánica del cálculo del impuesto para los contribuyentes del sector primario (tanto personas físicas como morales), incluía un "tramo" o monto de ingresos exentos y otro por el que se pagaba el tributo reducido, en el caso de existir excedente (423 veces el salario mínimo general elevado al año) se pagaba el impuesto sin reducción alguna.

La Sala consideró que el precepto no otorgaba los beneficios fiscales referidos en mayor o menor medida, puesto que el monto de exención y reducción para las personas físicas era idéntico, en el caso de las personas morales también se aplicaban en la misma magnitud -porcentaje– los incentivos tributarios de mérito.

Precisó que respecto del acceso a los beneficios de referencia cuando se rebasaban los montos de ingresos correspondientes, el párrafo décimo cuarto del artículo 74 de la Ley del Impuesto sobre la Renta, establecía la posibilidad de que las personas físicas y morales que tributaban conforme al régimen del sector primario, aun en la hipótesis de que se superaran tales montos, podían aplicar tanto la exención, como la reducción del impuesto, hasta por las cantidades y porcentajes previstos en la norma según se tratara de personas físicas o morales.

Por tanto, la Sala concluyó que la categorización de los ingresos que percibían las personas físicas y morales del multicitado régimen, no constituía un trato diferenciado en el otorgamiento de los beneficios fiscales relatados; debido a que dicho aspecto no constituía una condicionante para que los beneficios fiscales se otorgaran en mayor o en menor medida, en virtud de que éstos se establecieron en montos genéricos aplicables a todas las personas físicas y morales, según correspondía.

Además, conforme a la norma, si los mencionados contribuyentes rebasaban los límites de ingresos del ejercicio, todavía podían gozar de la exención y reducción del impuesto determinado, en las mismas cantidades genéricas concedidas por el legislador, según se tratara de personas físicas o morales del régimen del sector primario.

De tal forma que para los "tramos" de ingreso exento y el del impuesto reducido, eran aplicables, inclusive, a los contribuyentes que excedían el límite de 423 veces el salario mínimo general, elevado al año.

Aunado a lo anterior, la Sala precisó que el hecho de que se estableciera que los ingresos excedentes al límite de 423 veces el salario mínimo general debían ser sujetos del gravamen sin reducción alguna, tampoco implicaba una violación al principio de equidad tributaria, porque concedía una exención y reducción del impuesto generalizadas para todas las personas físicas y morales del régimen del sector primario que obtuvieran ingresos por la realización de las actividades propias del sistema, hasta por el monto señalado, sin provocar distinción alguna entre contribuyentes, de manera que unos pudieran gozar del beneficio y otros no.

Por tales razones, la Sala concluyó que no existía el trato diferenciado planteado por la quejosa.

2. Amparo en revisión 898/2017, resuelto por la Segunda Sala de la Suprema Corte de Justicia de la Nación el 16 de mayo de 2018. El término de comparación no es idóneo.

La parte quejosa promovió juicio de amparo indirecto en contra de la Ley del Impuesto sobre la Renta, publicada en el Diario Oficial de la Federación el 11 de diciembre de 2013, particularmente respecto de los artículos 25, fracción II, 72, párrafo segundo; 74, párrafo séptimo y 103, fracción II, planteó que violaban el principio de equidad tributaria.

La accionante argumentó que el artículo 25, fracción II, de la Ley del Impuesto sobre la Renta establece un trato desigual a las personas morales del régimen general, en relación con aquellas que tributaban bajo los regímenes denominados "De los Coordinados" y el de "Actividades Agrícolas, Ganaderas, Silvícolas y Pesqueras".

Lo anterior porque los artículos 72, párrafo segundo; 74, párrafo séptimo y 103, fracción II, de la Ley del Impuesto sobre la Renta establecen que las personas morales que tributaran bajo los regímenes "De los Coordinados" y de "Actividades Agrícolas, Ganaderas, Silvícolas y Pesqueras" debían cumplir sus obligaciones de la misma manera en que cumplían sus obligaciones las personas físicas con actividad empresarial, incluyendo la posibilidad de deducir las compras de mercancías, materias primas, productos semiterminados o terminados que utilicen para prestar servicios, para fabricar bienes o para enajenarlos.

En tanto que, a las personas morales que tributaran bajo el régimen general sólo se les permitía deducir el costo de lo vendido, produciéndose así una ventaja a favor de las personas morales que tributan bajo el régimen "De los Coordinados" y de "Actividades Agrícolas, Ganaderas, Silvícolas y Pesqueras", ya que podían deducir la adquisición de mercancías en el mismo momento de la erogación, mientras que las personas morales sujetas al régimen general debían esperar hasta la enajenación de las mercancías.

En principio, la Segunda Sala consideró que sí existía un trato legislativo diverso entre los contribuyentes personas morales que tributaban bajo el régimen general y las personas morales que tributaban conforme a los regímenes "De los coordinados" y "De actividades agrícolas, ganaderas, silvícolas y pesqueras", ya que los primeros deducían conforme al sistema de costo de lo vendido, mientras que estos últimos lo hacían mediante la denominada "deducción inmediata de costos".

La Sala, sin embargo, consideró que el término de comparación propuesto por la quejosa no era idóneo ya que los sujetos no son comparables, pues atendiendo únicamente a sus características propias y objetivas como sujetos y/o a la manifestación de riqueza gravada, es decir, a las de la fuente de riqueza o de la actividad económica que realizan, se advertían atributos entre ellos que permitían afirmar que se encuentran en situaciones diferentes.

Para la Sala, aun cuando los contribuyentes eran personas morales que realizaban actividades de carácter económico que generaban ingresos, se advertía que las actividades económicas a las cuales se dedicaban, así como su capacidad de organización y administrativa eran diversas, lo cual revelaba atributos que los ubicaban en situaciones diferentes e incomparables.

Se destacó que la quejosa tributaba conforme al régimen general, al constituir una sociedad anónima de capital variable, cuyo objeto era la fabricación, embarque, compraventa, distribución, empaque, embalaje, almacenamiento, impresión, marca, estampado, ornamentación, de toda clase de productos de látex, juguetería y similares, así como la comercialización de tales productos en México y en el extranjero y la adquisición, fabricación y venta de maquinaria, materias primas y equipo necesario para tal fin, por lo cual atendiendo a su organización societaria contaba no solo con un patrimonio estable, sino una mayor capacidad organizativa administrativa y económica.

Además, la quejosa pertenecía a un sector de la economía que no se vinculaba con el sector primario, es decir, con la producción de alimentos e insumos básicos, ni pertenecía a un sector de contribuyentes que presentara dificultades de tipo organizacional, como es el caso de las personas físicas dedicadas al autotransporte terrestre de carga o de pasajeros, quienes cumplían con sus obligaciones administrativas y fiscales a través de personas morales.

La Sala consideró que las personas del sector primario, es decir, las que contribuyen en el régimen "De actividades agrícolas, ganaderas, silvícolas y pesqueras", así como las que lo hacen en el diverso "De los coordinados" -a diferencia de las personas que lo hacen en el régimen general- eran frecuentemente personas físicas que contaban con dificultades para cumplir con obligaciones organizacionales, administrativas y fiscales, por lo cual, para solventar tales obligaciones, solían hacerlo a través de una persona moral.

Además, la Sala consideró que en el caso del sector primario un gran número de proyectos de inversión requerían un largo período para su maduración y era frecuente que se operara celebrando contratos mediante los cuales anticipaban la venta de su producción, por lo cual, cambiar a un esquema de tributación de "devengado" en vez de un flujo de efectivo, acarrearía problemas de capitalización, falta de liquidez y pérdidas, que pudieran limitar la oferta de productos del campo.

Por ello, la Sala encontró que para no generar efectos negativos para el desarrollo y fortalecimiento de las actividades realizadas por el sector primario y por las de los denominados "coordinados", el legislador estimó conducente que la acumulación de ingresos y la deducción de las erogaciones, se realizaran a través del esquema de flujo de efectivo, es decir, en el caso de las aminoraciones, que se realizaran bajo la conocida "deducción inmediata".

Por tanto, la Sala concluyó que ante las diferencias de las actividades económicas que realizan los contribuyentes del régimen general, frente a los diversos que tributan en los regímenes "De actividades agrícolas, ganaderas, silvícolas y pesqueras" y "De los coordinados", no se encontraban en una situación similar o análoga, por lo cual no eran comparables y el trato normativo distinto no transgrede el principio de equidad tributaria.

3. Amparo en revisión 461/2021, resuelto por la Primera Sala de la Suprema Corte de Justicia de la Nación el 18 de enero de 2023. El término de comparación sí es idóneo.

La quejosa impugnó los artículos 9, fracción X, 15, fracción VII, y 20, fracción I, de la Ley del Impuesto al Valor Agregado, que entró en vigor a partir del 1 de enero de 2020.

Conforme a tales preceptos están exentos del impuesto al valor agregado la enajenación de bienes, prestación de servicios y el otorgamiento del uso o goce temporal de bienes, que realicen las personas morales autorizadas para recibir donativos deducibles para los efectos del impuesto sobre la renta.

La quejosa consideró que tales preceptos violaban el principio de equidad tributaria, ya que el legislador modificó el catálogo de actividades exentas del impuesto al valor agregado atendiendo específicamente a la naturaleza y cualidad de un sujeto en específico, en lugar de atender a la naturaleza de los bienes y servicios que se prestan, enajenan y otorgan, de tal forma, incluyó dentro de dicho listado de exención a la totalidad de las actividades de las donatarias autorizadas, por el simple hecho de ser donatarias autorizadas para recibir donativos deducibles para efectos del impuesto sobre la renta.

La quejosa planteó que las disposiciones normativas violaban el principio de equidad tributaria, porque el legislador determinó arbitrariamente que un grupo de contribuyentes definido por el hecho de ser personas morales sin fines de lucro autorizadas para recibir donativos deducibles de impuestos, no podrá causar impuesto al valor agregado por la prestación de sus servicios, por la enajenación de sus bienes y por el otorgamiento del uso o goce temporal de bienes, por tanto, se eliminaba su derecho a acreditar en su totalidad el impuesto al valor agregado que le trasladaran sus proveedores de bienes y servicios.

La Primera Sala observó que el parámetro o término de comparación propuesto por la quejosa se refería a personas morales que enajenan bienes, prestan servicios u otorgan el uso o goce temporal de bienes; frente a las donatarias autorizadas que realizan las mismas actividades pero que fueron exentadas del impuesto al valor agregado, únicamente por esa característica relevante para efectos del impuesto sobre la renta.

Para la Sala los sujetos sí eran comparables, pues se trataba de personas morales que realizaban los mismos actos gravados por la Ley del Impuesto al Valor Agregado, pero a partir de la reforma a los artículos 9, fracción X, 15, fracción VII y 20, fracción I, de la Ley, se consideraron exentos los actos y actividades realizados por aquéllas con autorización para recibir donativos deducibles del impuesto sobre la renta, por lo que, existía un trato diferenciado entre sujetos que actualizaban las mismas hipótesis de causación en el impuesto.

De tal forma, lo relevante para la Sala era que las donatarias autorizadas (exentas del impuesto) realizaban los mismos actos o actividades gravados por el impuesto al valor agregado, lo que implicaba la posibilidad de poder compararlas con el resto de los contribuyentes que realizaban tales actos o actividades pero que sí tenían la obligación de pagar el impuesto (no exentos).

C. La intensidad del escrutinio en el juicio de equidad tributaria

El estudio sobre la existencia del trato diferenciado y la idoneidad del término de comparación permite advertir si existe una afectación *prima facie* al principio de equidad tributaria, de ser así lo que sigue es analizar si la norma tiene una justificación constitucional, objetiva y razonable, es decir, se debe analizar la razonabilidad del trato diferenciado a través de un test de proporcionalidad.

La Primera Sala, en la tesis 1a. CCLXIII/2016 (10a.), explicó el análisis que debe hacerse previo al estudio de razonabilidad o del test de proporcionalidad:

> **TEST DE PROPORCIONALIDAD. METODOLOGÍA PARA ANALIZAR MEDIDAS LEGISLATIVAS QUE INTERVENGAN CON UN DERECHO FUNDAMENTAL.** El examen de la constitucionalidad de una me-

dida legislativa debe realizarse a través de un análisis en dos etapas. En una primera etapa, debe determinarse si la norma impugnada incide en el alcance o contenido inicial del derecho en cuestión. Dicho en otros términos, debe establecerse si la medida legislativa impugnada efectivamente limita al derecho fundamental. De esta manera, en esta primera fase corresponde precisar cuáles son las conductas cubiertas prima facie o inicialmente por el derecho. Una vez hecho lo anterior, debe decidirse si la norma impugnada tiene algún efecto sobre dicha conducta; esto es, si incide en el ámbito de protección prima facie del derecho aludido. Si la conclusión es negativa, el examen debe terminar en esta etapa con la declaración de que la medida legislativa impugnada es constitucional. En cambio, si la conclusión es positiva, debe pasarse a otro nivel de análisis. En esta segunda fase, debe examinarse si en el caso concreto existe una justificación constitucional para que la medida legislativa reduzca o limite la extensión de la protección que otorga inicialmente el derecho. Al respecto, es necesario tener presente que los derechos y sus respectivos límites operan como principios, de tal manera que las relaciones entre el derecho y sus límites encierran una colisión que debe resolverse con ayuda de un método específico denominado test de proporcionalidad. En este orden de ideas, para que las intervenciones que se realizan a algún derecho fundamental sean constitucionales debe corroborarse lo siguiente: (i) que la intervención legislativa persiga un fin constitucionalmente válido; (ii) que la medida resulte idónea para satisfacer en alguna medida su propósito constitucional; (iii) que no existan medidas alternativas igualmente idóneas para lograr dicho fin, pero menos lesivas para el derecho fundamental; y, (iv) que el grado de realización del fin perseguido sea mayor al grado de afectación provocado al derecho fundamental por la medida impugnada. En este contexto, si la medida legislativa no supera el test de proporcionalidad, el derecho fundamental preservará su contenido inicial o prima facie. En cambio, si la ley que limita al derecho se encuentra justificada a la luz del test de proporcionalidad, el contenido definitivo o resultante del derecho será más reducido que el contenido inicial del mismo.[52]

---

52 Tesis 1a. CCLXIII/2016 (10a.), publicada en la Gaceta del Semanario Judicial de la Federación, décima época, libro 36, noviembre de 2016, tomo II, página 915, registro digital 2013156.

La Suprema Corte ha establecido que tratándose de normas con efectos económicos o tributarios, por regla general, el estudio de razonabilidad debe ser poco estricto para no vulnerar la libertad política del legislador al configurar los ámbitos económicos y fiscales, en los que la Constitución lo faculta para intervenir y regular con mayor libertad; esto tiene como consecuencia que en el juicio de equidad tributaria el juzgador debe realizar un escrutinio ordinario o laxo del trato diferenciado.

Para el Alto Tribunal un control muy estricto en dichos ámbitos llevaría al juez a sustituir la función legislativa del Congreso, pues no es función del Poder Judicial Federal, sino de los órganos políticos, analizar si esas clasificaciones económicas son las mejores o resultan necesarias; es por eso que, como se precisó previamente, el subprincipio del test de proporcionalidad denominado "necesidad", que consiste en analizar si la medida elegida por el legislador es la menos lesiva con relación a otras,[53] no forma parte de la estructura del juicio de equidad tributaria.[54]

Así pues, se ha considerado que los principios democrático y de separación de poderes tienen como consecuencia que los otros órganos del Estado respeten la libertad de configuración con que cuentan el Congreso y el Ejecutivo; tales razonamientos están sintetizados en las jurisprudencias de rubros siguientes:

---

53 Tesis 1a. CCLXX/2016 (10a.), de rubro: TERCERA ETAPA DEL TEST DE PROPORCIONALIDAD. EXAMEN DE LA NECESIDAD DE LA MEDIDA LEGISLATIVA, publicada en la Gaceta del Semanario Judicial de la Federación, décima época, libro 36, noviembre de 2016, tomo II, página 914, registro digital 2013154.

54 La grada de necesidad o subprincipio de necesidad generalmente se analiza cuando se realizan escrutinios estrictos: "El principio de necesidad es una de las características que, como se verá, marca las diferencias entre juicio ordinario y juicio agravado de igualdad. Mientras en el juicio estricto jugará, en algunos países, un papel muy importante, en el juicio ordinario o de <<mínimos>> no se tiene para nada en cuenta, ni siquiera desde el punto de vista formal." Giménez Glück, *op cit*, p. 116.

ANÁLISIS CONSTITUCIONAL. SU INTENSIDAD A LA LUZ DE LOS PRINCIPIOS DEMOCRÁTICO Y DE DIVISIÓN DE PODERES.[55]

SISTEMA TRIBUTARIO. SU DISEÑO SE ENCUENTRA DENTRO DEL ÁMBITO DE LIBRE CONFIGURACIÓN LEGISLATIVA, RESPETANDO LAS EXIGENCIAS CONSTITUCIONALES.[56]

TEST DE PROPORCIONALIDAD DE LAS LEYES FISCALES. LA INTENSIDAD DE SU CONTROL CONSTITUCIONAL Y SU APLICACIÓN, REQUIEREN DE UN MÍNIMO DE JUSTIFICACIÓN DE LOS ELEMENTOS QUE LO CONFORMAN.[57]

Como se indicó previamente, en el caso de normas fiscales que establecen tratos diferenciados a partir de alguna de las categorías sospechosas previstas en el artículo 1, párrafo quinto, constitucional, el análisis de su regularidad constitucional debe sustraerse del ámbito específico de equidad tributaria, para llevarse a cabo desde el parámetro constitucional más amplio del principio de igualdad, sin embargo, en estos casos sí es necesario realizar un escrutinio estricto.

En efecto, es necesario aplicar con especial intensidad las exigencias derivadas del principio de igualdad: 1. En primer lugar, debe examinarse si la norma tiene una finalidad constitucionalmente imperiosa, no sólo legítima; 2. Se debe examinar si la norma es idónea para cumplir son su finalidad; 3. Debe llevarse a cabo un examen de necesidad en el que se demuestre que no existen medidas menos lesivas para cumplir con la finalidad y 3. Superadas las gradas anteriores, se debe llevar a cabo un análisis de proporcionalidad en sentido estricto, en el que se analice si los beneficios de la norma son mayores a las afectaciones que puede generar.

---

55 Jurisprudencia 1a./J. 84/2006, publicada en el Semanario Judicial de la Federación y su Gaceta, novena época, tomo XXIV, noviembre de 2006, página 29, registro digital 173957.

56 Jurisprudencia 1a./J. 159/2007, publicada en el Semanario Judicial de la Federación y su Gaceta, novena época, tomo XXVI, diciembre de 2007, página 111, registro digital 170585.

57 Jurisprudencia 2a./J. 11/2018 (10a.), publicada en la Gaceta del Semanario Judicial de la Federación, décima época, libro 51, febrero de 2018, tomo I, página 510, registro digital 2016133.

En este punto, se destacan las tesis y jurisprudencias siguientes:

> **MOTIVACIÓN LEGISLATIVA. CLASES, CONCEPTO Y CARACTERÍSTICAS.** Los tribunales constitucionales están llamados a revisar la motivación de ciertos actos y normas provenientes de los Poderes Legislativos. Dicha motivación puede ser de dos tipos: reforzada y ordinaria. La reforzada es una exigencia que se actualiza cuando se emiten ciertos actos o normas en los que puede llegarse a afectar algún derecho fundamental u otro bien relevante desde el punto de vista constitucional, y precisamente por el tipo de valor que queda en juego, es indispensable que el ente que emita el acto o la norma razone su necesidad en la consecución de los fines constitucionalmente legítimos, ponderando específicamente las circunstancias concretas del caso. Tratándose de las reformas legislativas, esta exigencia es desplegada cuando se detecta alguna "categoría sospechosa", es decir, algún acto legislativo en el que se ven involucrados determinados valores constitucionales que eventualmente pueden ponerse en peligro con la implementación de la reforma o adición de que se trate. En estos supuestos se estima que el legislador debió haber llevado un balance cuidadoso entre los elementos que considera como requisitos necesarios para la emisión de una determinada norma o la realización de un acto, y los fines que pretende alcanzar. Además, este tipo de motivación implica el cumplimiento de los siguientes requisitos: a) La existencia de los antecedentes fácticos o circunstancias de hecho que permitan colegir que procedía crear y aplicar las normas correspondientes y, consecuentemente, que está justificado que la autoridad haya actuado en el sentido en el que lo hizo; y, b) La justificación sustantiva, expresa, objetiva y razonable, de los motivos por los que el legislador determinó la emisión del acto legislativo de que se trate. Por otra parte, la motivación ordinaria tiene lugar cuando no se presenta alguna "categoría sospechosa", esto es, cuando el acto o la norma de que se trate no tiene que pasar por una ponderación específica de las circunstancias concretas del caso porque no subyace algún tipo de riesgo de merma de algún derecho fundamental o bien constitucionalmente análogo. Este tipo de actos, por regla general, ameritan un análisis poco estricto por parte de la Suprema Corte, con el fin de no vulnerar la libertad política del legislador. En efecto, en determinados campos -como el económico, el de la organización administrativa del Estado y, en general, en donde no existe la posibilidad

de disminuir o excluir algún derecho fundamental- un control muy estricto llevaría al juzgador constitucional a sustituir la función de los legisladores a quienes corresponde analizar si ese tipo de políticas son las mejores o resultan necesarias. La fuerza normativa de los principios democrático y de separación de poderes tiene como consecuencia obvia que los otros órganos del Estado -y entre ellos, el juzgador constitucional- deben respetar la libertad de configuración con que cuentan los Congresos Locales, en el marco de sus atribuciones. Así, si dichas autoridades tienen mayor discrecionalidad en ciertas materias, eso significa que en esos temas las posibilidades de injerencia del juez constitucional son menores y, por ende, la intensidad de su control se ve limitada. Por el contrario, en los asuntos en que el texto constitucional limita la discrecionalidad del Poder Legislativo, la intervención y control del tribunal constitucional debe ser mayor, a fin de respetar el diseño establecido por ella. En esas situaciones, el escrutinio judicial debe entonces ser más estricto, por cuanto el orden constitucional así lo exige. Conforme a lo anterior, la severidad del control judicial se encuentra inversamente relacionada con el grado de libertad de configuración por parte de los autores de la norma.[58]

CATEGORÍA SOSPECHOSA. SU ESCRUTINIO. Una vez establecido que la norma hace una distinción basada en una categoría sospechosa -un factor prohibido de discriminación- corresponde realizar un escrutinio estricto de la medida legislativa. El examen de igualdad que debe realizarse en estos casos es diferente al que corresponde a un escrutinio ordinario. Para llevar a cabo el escrutinio estricto, en primer lugar, debe examinarse si la distinción basada en la categoría sospechosa cumple con una finalidad imperiosa desde el punto de vista constitucional, sin que deba exigirse simplemente, como se haría en un escrutinio ordinario, que se persiga una finalidad constitucionalmente admisible, por lo que debe perseguir un objetivo constitucionalmente importante; es decir, proteger un mandato de rango constitucional. En segundo lugar, debe analizarse si la distinción legislativa está estrechamente vinculada con la finalidad constitucionalmente imperiosa. La medida legislativa

58 Jurisprudencia P./J. 120/2009, publicada en el Semanario Judicial de la Federación y su Gaceta, novena época, tomo XXX, diciembre de 2009, página 1255, registro digital 165745.

> debe estar directamente conectada con la consecución de los objetivos constitucionales antes señalados; es decir, la medida debe estar totalmente encaminada a la consecución de la finalidad, sin que se considere suficiente que esté potencialmente conectada con tales objetivos. Por último, la distinción legislativa debe ser la medida menos restrictiva posible para conseguir efectivamente la finalidad imperiosa desde el punto de vista constitucional.[59]

D. Fin constitucionalmente válido

El estudio de razonabilidad o test de proporcionalidad de normas sujetas al principio de equidad tributaria, que como se precisó, es por lo general laxo u ordinario, comienza con identificar la finalidad del trato normativo diferenciado, esto es, la razón por la cual el legislador decidió hacer una distinción entre situaciones iguales, o bien, por qué trata como iguales a quienes están en situaciones distintas.

La finalidad debe ser constitucionalmente aceptable, es decir, debe tener sustento en los preceptos de la Constitución Política de los Estados Unidos Mexicanos. Al respecto, la tesis 1a. CCLXV/2016 (10a.) establece lo siguiente:[60]

> **PRIMERA ETAPA DEL TEST DE PROPORCIONALIDAD. IDENTIFICACIÓN DE UNA FINALIDAD CONSTITUCIONALMENTE VÁLIDA.** Para que las intervenciones que se realicen a algún derecho fundamental sean constitucionales, éstas deben superar un test de proporcionalidad en sentido amplio. Lo anterior implica que la medida legislativa debe perseguir una finalidad constitucionalmente válida, además de que debe lograr en algún grado la consecución de su fin, y no debe limitar de manera innecesaria y desproporcionada el derecho fundamental en cuestión. Ahora bien, al realizar este escrutinio, debe comenzarse por identificar

---

59 Jurisprudencia P./J. 10/2016 (10a.), publicada en la Gaceta del Semanario Judicial de la Federación, décima época, libro 34, septiembre de 2016, tomo I, página 8, registro digital 2012589.

60 Tesis 1a. CCLXV/2016 (10a.), publicada en la Gaceta del Semanario Judicial de la Federación, décima época, libro 36, noviembre de 2016, tomo II, página 902, registro digital 2013143.

> los fines que persigue el legislador con la medida, para posteriormente estar en posibilidad de determinar si éstos son válidos constitucionalmente. Esta etapa del análisis presupone la idea de que no cualquier propósito puede justificar la limitación a un derecho fundamental. En efecto, los fines que pueden fundamentar la intervención legislativa al ejercicio de los derechos fundamentales tienen muy diversa naturaleza: valores, intereses, bienes o principios que el Estado legítimamente puede perseguir. En este orden de ideas, los derechos fundamentales, los bienes colectivos y los bienes jurídicos garantizados como principios constitucionales, constituyen fines que legítimamente fundamentan la intervención del legislador en el ejercicio de otros derechos.

La finalidad de la norma debe buscarse, en principio, en el procedimiento legislativo del que derivó, sin embargo, no son pocos los casos en los que el legislador no expone por qué estableció un trato diferenciado, lo cual no es, *ipso facto*, inconstitucional, ya que la finalidad de la norma se puede buscar en otras fuentes, por ejemplo, en otros procedimientos legislativos relacionados, en los informes justificados de las autoridades responsables, o bien, pueden colegirse de la propia norma u ordenamiento jurídico en los casos en que sea evidente:

> **EQUIDAD TRIBUTARIA. LA OMISIÓN DEL ÓRGANO LEGISLATIVO DE JUSTIFICAR LAS RAZONES QUE SUSTENTAN UN TRATO DIFERENCIADO EN EL PROPIO PROCESO DE REFORMAS A UN ORDENAMIENTO LEGAL, POR SÍ MISMA, NO CONLLEVA LA INCONSTITUCIONALIDAD DE LA NORMA.**[61]

> **FUNDAMENTACIÓN Y MOTIVACIÓN DE LEYES QUE DAN TRATO DESIGUAL A SUPUESTOS DE HECHO EQUIVALENTES. NO NECESARIAMENTE DERIVAN DE LA EXPOSICIÓN DE MOTIVOS DE LA LEY CORRESPONDIENTE O DEL PROCESO LEGISLATIVO QUE LE DIO ORIGEN, SINO QUE PUEDEN DEDUCIRSE DEL PRECEPTO QUE LO ESTABLEZCA.**[62]

---

61 Tesis 1a. CLXXIX/2007, publicada en el Semanario Judicial de la Federación y su Gaceta, novena época, tomo XXVI, septiembre de 2007, página 384, registro digital 171468.

62 Tesis 2a. XXVII/2009, publicada en el Semanario Judicial de la Federación y su Gaceta, novena época, tomo XXIX, marzo de 2009,

> **NORMAS TRIBUTARIAS QUE ESTABLECEN UN TRATO DIFERENCIADO ENTRE CONTRIBUYENTES QUE SE UBICAN EN CIRCUNSTANCIAS SIMILARES. LAS RAZONES TENDENTES A EXPLICARLO PUEDEN EXPONERSE EN EL INFORME JUSTIFICADO.**[63]
>
> **NORMA TRIBUTARIA. SUPUESTO DE EXCEPCIÓN EN EL QUE NO SE REQUIERE QUE LA AUTORIDAD EMISORA EXPONGA LOS ARGUMENTOS QUE JUSTIFICAN EL TRATO DIFERENCIADO QUE AQUÉLLA CONFIERE.**[64]
>
> **PROCESO LEGISLATIVO. PARA EMITIR UN JUICIO DE CONSTITUCIONALIDAD NO ES INDISPENSABLE QUE EL LEGISLADOR HAYA EXPRESADO ARGUMENTOS QUE JUSTIFIQUEN SU ACTUACIÓN EN EL PROCESO DE CREACIÓN NORMATIVA.**[65]

Si el trato normativo carece de justificación constitucionalmente aceptable es inconstitucional por violar el principio de equidad tributaria, de modo que resultaría innecesario continuar con el estudio.

---

página 470, registro digital 167712.

63 Jurisprudencia P./J. 35/2010, publicada en el Semanario Judicial de la Federación y su Gaceta, novena época, tomo XXXI, abril de 2010, página 6, registro digital 164749.

64 Jurisprudencia P./J. 36/2020, publicada en el Semanario Judicial de la Federación y su Gaceta, novena época, tomo XXXI, abril de 2010, página 5, registro digital 164751.

65 Jurisprudencia P./J. 136/2009, publicada en el Semanario Judicial de la Federación y su Gaceta, novena época, tomo XXXI, enero de 2010, página 21, registro digital 165438.

PRECEDENTES RELEVANTES

1. **Amparo en revisión 241/2023 resuelto por la Segunda Sala de la Suprema Corte de Justicia de la Nación el 30 de agosto de 2023. Elección del régimen fiscal en el que se desea tributar.**

En este caso, se impugnó el artículo segundo, fracciones IX y X, de las disposiciones transitorias de la Ley del Impuesto sobre la Renta, contenidas en el decreto publicado el 12 de noviembre de 2021; así como la regla 3.13.27. y el artículo cuadragésimo segundo transitorio de la Resolución Miscelánea Fiscal para 2022. La quejosa planteó que el sistema normativo violaba el principio de igualdad y su especie de equidad tributaria.

La Segunda Sala determinó que el sistema normativo excluía a la quejosa del derecho a optar por seguir tributando en el régimen de incorporación fiscal, estableciendo un trato diferenciado al crear dos categorías de contribuyentes, los que tributaron en RIF al 31 de agosto de 2021 y los que tributaron en ese régimen después de dicha fecha, a los primeros se les permitía optar seguir tributando en ese régimen, pero a los segundos no.

Para la Sala ambas categorías de contribuyentes se referían a personas físicas residentes en México que por unos meses del ejercicio fiscal de 2021 tributaron en el RIF, regulado en la Ley del Impuesto sobre la Renta, por tanto, estimó que se trataba de sujetos con características similares y que eran comparables para realizar un juicio de equidad tributaria.

Establecido lo anterior, se analizó si el trato normativo reclamado tenía una finalidad constitucionalmente aceptable. En principio, la Sala examinó la exposición de motivos del Ejecutivo Federal, así como los dictámenes elaborados por las respectivas comisiones de las Cámaras de Diputados y Senadores, encontró que el legislador consideró necesario otorgar el derecho a optar por continuar tributando en el RIF debido a que algunos contribuyentes todavía estaban en posibilidad de aplicar reducciones al impuesto en términos del artículo 111 de la Ley del Impuesto sobre la Renta, que regulaba el citado RIF.

En dicho régimen se otorgaban beneficios a los contribuyentes, consistentes en diez reducciones del impuesto a cargo que van del 100% al 10%, por diez ejercicios fiscales; quienes optaron por este régimen sólo podían permanecer ahí durante un máximo de diez ejercicios fiscales consecutivos y, una vez concluido tal período, tenían que comenzar a tributar conforme al régimen de personas físicas con actividades empresariales y profesionales a que se refiere la sección I del capítulo II del título IV de la Ley del Impuesto sobre la Renta.

De manera que, eran los contribuyentes que tenían pendiente la aplicación de disminuciones del impuesto sobre la renta los que podían continuar en el RIF, es decir, podían concluir el periodo de diez ejercicios fiscales que prevé ese régimen.

Precisado lo anterior, la Sala señaló que de la revisión al procedimiento legislativo se observaba que el legislador no justificó de modo alguno el otorgamiento del derecho a optar por seguir tributando conforme al RIF, solamente a los contribuyentes que tributaron conforme a ese régimen al 31 de agosto de 2021; excluyendo de dicho derecho a quienes se incorporaron después de esa fecha. Asimismo, para la Sala, del propio sistema normativo tampoco se advertía justificación alguna para la exclusión reclamada.

La Sala razonó que si la intención del legislador con la emisión de la disposición transitoria fue permitir a los contribuyentes del RIF que concluyeran con el periodo de diez ejercicios fiscales, aplicando reducciones al impuesto (bajo el entendido de que, concluido tal plazo, deberán tributar conforme al diverso régimen de personas físicas con actividades empresariales y profesionales), no se advertía alguna razón que justificara excluir de ese derecho a contribuyentes que también tributaron en dicho régimen, así sea solamente por algunos meses.

En el caso, la quejosa acreditó que tributó en el RIF en los meses de noviembre y diciembre de 2021 y que aplicó la reducción de 100% al impuesto sobre la renta a cargo por dicho bimestre, por tanto, en la fecha en la que se emitieron las disposiciones reclamadas la quejosa, conforme a las reglas del RIF, todavía estaba en posibilidad de aplicar nueve reducciones del impuesto sobre la renta, por nueve ejercicios fiscales, en términos del artículo 111 de la Ley del Impuesto sobre la Renta.

Consecuentemente, la disposición transitoria excluyó a la quejosa del derecho a optar por continuar en el RIF, por un criterio de temporalidad injustificado, pese a que todavía contaba con la posibilidad de aplicar nueve reducciones al impuesto sobre la renta, lo cual viola el principio de equidad tributaria pues se le privó de un derecho pese a que se encontraba en una situación idéntica a los contribuyentes que sí gozaban de dicho derecho.

En suma, la Sala concluyó que establecer como parámetro para otorgar el derecho a permanecer en el RIF que se haya tributado en ese régimen al 31 de agosto de 2021, sin considerar que hay contribuyentes que se incorporaron a ese régimen después de esa fecha y que pudieron aplicar la primera reducción del 100% al impuesto, implicaba establecer un trato diferenciado a contribuyentes que se encontraban en la misma situación jurídica, pues quienes tributaron en ese régimen después de la fecha de referencia tenían la misma posibilidad que los contribuyentes que tributaron días o meses antes de dicha fecha, de aplicar la reducción del 100% y, por tanto, ambas categorías de contribuyentes estaban en posibilidad de seguir aplicando las nueve reducciones siguientes; sin que dicho trato diferenciado tuviera una finalidad constitucionalmente válida o aceptable.

2. Amparo en revisión 514/2017 resuelto por la Segunda Sala de la Suprema Corte de Justicia de la Nación el 29 de noviembre de 2017. Estímulo fiscal.

El 1 de enero de 2016 entró en vigor el decreto por el que se reforman, adicionan y derogan diversas disposiciones de la Ley del Impuesto sobre la Renta, de la Ley del Impuesto Especial sobre Producción y Servicios, del Código Fiscal de la Federación y de la Ley Federal de Presupuesto y Responsabilidad Hacendaria, publicado en el Diario Oficial de la Federación el dieciocho de noviembre de dos mil quince.

En específico, el artículo tercero transitorio, fracciones II, III y IV, de la Ley del Impuesto sobre la Renta, contenido en dicho decreto, establecía un estímulo fiscal consistente en la deducción inmediata de inversiones nuevas de activo fijo a los contribuyentes que hubieran obtenido ingresos propios de su actividad empresarial en el ejercicio inmediato anterior de hasta 100 millones de pesos.

El 31 de marzo de 2016, dos empresas presentaron sus respectivas declaraciones anuales del impuesto sobre la renta correspondientes al ejercicio fiscal de 2015, sin embargo, estuvieron imposibilitadas a acceder al estímulo fiscal al no ubicarse dentro de los supuestos previstos para su otorgamiento.

Inconformes con lo anterior, las quejosas promovieron juicio de amparo indirecto en contra del artículo tercero transitorio de la Ley del Impuesto sobre la Renta, porque consideraron que violaba el principio de equidad tributaria al quedar excluidas del estímulo fiscal por tener ingresos superiores a 100 millones de pesos.

La Segunda Sala examinó el precepto reclamado y observó que establecía un estímulo fiscal a los siguientes contribuyentes:

- Quienes tributaran en términos de los títulos II –personas morales– o IV, capítulo II, sección I –personas físicas del régimen de actividades empresariales y profesionales–, de la Ley del Impuesto sobre la Renta, que hubieran obtenido ingresos propios de su actividad empresarial en el ejercicio inmediato anterior de hasta $100,000,000.
- Quienes efectuaran inversiones en la construcción y ampliación de infraestructura de transporte, tales como carretera, caminos y puentes; y,
- Quienes realizaran inversiones en las actividades previstas en el artículo 2, fracciones II, III, IV y V, de la Ley de Hidrocarburos, y en equipo para la generación, transporte, distribución y suministro de energía.

A partir de lo anterior, la Sala consideró que el estímulo consistía en efectuar la deducción inmediata de la inversión de bienes nuevos de activo fijo, en lugar de aplicar la mecánica prevista en los artículos 34 y 35 de la Ley del Impuesto sobre la Renta, permitiendo deducir en el ejercicio en que se adquirieron los bienes, la cantidad que resulte de aplicar al monto original de la inversión, los por cientos autorizados. El estímulo únicamente sería aplicable en los ejercicios fiscales 2016 y 2017.

A partir de lo anterior, la Sala consideró que el estímulo consistía en efectuar la deducción inmediata de la inversión de bienes nuevos de activo fijo, en lugar de aplicar la mecánica prevista en los artículos 34 y 35 de la Ley del Impuesto sobre la Renta, permitiendo deducir en el ejercicio en que se adquirieron los bienes, la cantidad que resulte de aplicar al monto original de la inversión, los por cientos autorizados. El estímulo únicamente sería aplicable en los ejercicios fiscales 2016 y 2017.

De la revisión al procedimiento legislativo la Sala advirtió que el establecimiento del estímulo fiscal contenido en la norma impugnada, así como el criterio con base en el cual se prevé la diferencia de trato, obedeció a las siguientes finalidades:

- La estructura productiva del país se conformaba predominantemente por unidades económicas de menor escala, pues de acuerdo con los censos económicos publicados por el Instituto Nacional de Estadística y Geografía el 99.8% de los establecimientos son micro, pequeños y medianos negocios, los cuales generan seis de cada diez puestos de trabajo.
- No obstante, estos establecimientos sólo contribuyen con el 19% de la producción nacional, lo que se explica, entre otros factores, por los reducidos niveles de inversión que efectúan.
- El estímulo que se propone busca promover los niveles de inversión de las micro, pequeñas y medianas empresas, impulsar su competitividad, así como facilitar su inserción como proveedores de las cadenas productivas.
- Por otro lado, existen sectores, como el de energía y la infraestructura de transporte, que sobresalen como un insumo esencial e inciden en la competitividad de la economía en su conjunto, al impactar en los costos de producción de todas las empresas. Se busca impulsar la inversión en dichos sectores.
- El estímulo fiscal constituye un financiamiento como parte de las acciones del Gobierno Federal para impulsar a las pequeñas y medianas empresas a consolidarse en la economía nacional, ya que por sus condiciones económicas no pueden acceder fácilmente a los créditos del sistema financiero, a diferencia de las grandes empresas que pueden obtenerlos sin mayores contratiempos.

- El hecho de limitar el acceso al estímulo a empresas con ingresos de hasta $50,000,000.00 anuales, dejaría en desventaja a un segmento de empresas que, de acuerdo con los criterios de clasificación de la Secretaría de Economía, califican como pequeños negocios. Por tanto, es necesario que se amplíe a $100,000,000.00 el límite de ingresos, para que las micro y pequeñas empresas puedan aprovechar el beneficio y mejoren su productividad.
- El hecho de que el estímulo a las empresas dedicadas a la inversión para la creación y ampliación de infraestructura de transporte y a la inversión en equipo utilizado en el sector energético no esté sujeto a algún límite de ingresos, se debe a que este grupo de empresas forma parte de un sector que genera una cadena de valor y efectos multiplicadores de la economía nacional, además de que su operación y desarrollo propician el crecimiento de otras empresas vinculadas a las actividades que realizan.

Para la Segunda Sala, tales consideraciones evidenciaban que la diferencia de trato impugnado perseguía una finalidad constitucionalmente válida, porque el estímulo fiscal en favor de los contribuyentes a los que hacía referencia la norma impugnada buscaba propiciar una mayor inversión de bienes en dichos sectores, para impulsar su competitividad y facilitar su inserción como proveedores de las cadenas productivas, finalidad que tenía sustento en el artículo 25 de la Constitución Política de los Estados Unidos Mexicanos.

Indicó que, conforme al artículo 25 constitucional, el Estado debe fomentar el crecimiento económico de los diferentes grupos sociales, así como alentar la actividad económica que realicen los particulares, procurando su nivel de competitividad, a fin de generar un mayor crecimiento económico y un mayor nivel de inversión y de generación de empleo.

En consecuencia, el hecho de que el estímulo fiscal se haya establecido en favor de un sector determinado de empresas tiene una finalidad que tiene sustento en el artículo 25 constitucional, el cual ordena al Estado fomentar, entre otros aspectos, el crecimiento económico de los diferentes grupos sociales, sobre todo, aquellos que por sus condiciones económicas no han podido alcanzar dicho crecimiento.

La Sala apoyó sus conclusiones en la jurisprudencia 1a./J. 28/2007, emitida por la Primera Sala:

FINES EXTRAFISCALES. LAS FACULTADES DEL ESTADO EN MATERIA DE RECTORÍA ECONÓMICA Y DESARROLLO NACIONAL CONSTITUYEN UNO DE SUS FUNDAMENTOS. De conformidad con el artículo 25 de la Constitución Política de los Estados Unidos Mexicanos, corresponde al Estado la rectoría del desarrollo nacional para garantizar que éste sea integral y sustentable, el cual debe ser útil para fortalecer la soberanía nacional y su régimen democrático, en el que se utilice al fomento como un instrumento de crecimiento de la economía, del empleo y para lograr una justa distribución del ingreso y de la riqueza, y que permita el pleno ejercicio de la libertad y dignidad de los individuos, grupos y clases sociales protegidos por la Constitución Federal, por lo que el ente estatal planeará, coordinará y orientará la actividad económica, y llevará a cabo la regulación y fomento de las actividades que demande el interés general en el marco de libertades otorgado por la propia Ley Fundamental. Asimismo, el citado precepto constitucional establece que al desarrollo nacional concurrirán, con responsabilidad social, los sectores público, privado y social, así como cualquier forma de actividad económica que contribuya al desarrollo nacional; que el sector público tendrá, en exclusiva, el control y propiedad de las áreas estratégicas que señala la Constitución, y podrá participar con los sectores privado y social, en el impulso de las áreas prioritarias; que bajo criterios de equidad social y productividad se apoyará e impulsará a las empresas sociales y privadas, con sujeción a las modalidades que dicte el interés público, así como al uso de los recursos productivos, donde se atienda al beneficio general, cuidando su conservación y el medio ambiente, y que en la ley se alentará y protegerá la actividad económica de los particulares, y proveerá las condiciones para que el desenvolvimiento del sector privado contribuya al desarrollo económico social. En congruencia con lo anterior, al ser los fines extrafiscales, razones que orientan a las leyes tributarias al control, regulación y fomento de ciertas actividades o sectores económicos, matizando sus objetivos con un equilibrio entre la rectoría estatal y las demandas del interés público, se concluye que el indicado artículo 25 constitucional constituye uno de los fundamentos de dichos fines, cuya aplicación debe reflejarse en la ley, sus exposiciones de motivos, o bien, en cualquiera de sus etapas de formación.

E. Idoneidad

Si el trato normativo reclamado tiene una finalidad constitucionalmente válida, el juzgador debe examinar si también es idóneo o adecuado, de manera que constituya un medio apto para conducir al fin u objetivo perseguido, existiendo una relación de instrumentalidad medio-fin.

Al respecto, debe recordarse que, en términos de la antes mencionada jurisprudencia 1a./J. 159/2007, de rubro: **SISTEMA TRIBUTARIO. SU DISEÑO SE ENCUENTRA DENTRO DEL ÁMBITO DE LIBRE CONFIGURACIÓN LEGISLATIVA,**

RESPETANDO LAS EXIGENCIAS CONSTITUCIONALES,[66] para el diseño del sistema tributario el legislador cuenta con un amplio –mas no ilimitado– margen de configuración legislativa, respetando en todo momento los derechos fundamentales contenidos, entre otros preceptos, en el artículo 31, fracción IV, de la Constitución.

En ese sentido, el legislador puede optar por diversas medidas y si bien algunas pueden ser más eficaces que otras, el juzgador debe limitarse a analizar la idoneidad de la medida elegida por el legislador. La Primera Sala ha considerado que en el examen de idoneidad: "[no es necesario] *analizar la totalidad de las diversas medidas al alcance del autor de la norma -dada la intensidad débil del escrutinio que se efectúa-, debe determinarse si el mecanismo concreto que se escogió conduce al resultado deseado -lo cual pondría de manifiesto su carácter racional-, o bien, si no conduce a éste -caso en el cual se evidenciaría su irracionalidad-*".[67]

Al respecto, la tesis 1a. CCLXVIII/2016 (10a.)[68] resume en qué consiste el examen de idoneidad de la medida legislativa:

> **SEGUNDA ETAPA DEL TEST DE PROPORCIONALIDAD. EXAMEN DE LA IDONEIDAD DE LA MEDIDA LEGISLATIVA.** Para que resulten constitucionales las intervenciones que se realicen a un derecho fundamental, éstas deben superar un test de proporcionalidad en sentido amplio. Lo anterior implica que la medida legislativa debe perseguir una finalidad constitucionalmente válida, lograr en algún grado la consecución de su fin y no limitar de manera innecesaria y desproporcionada el derecho fundamental en cuestión. Por lo que hace a la idoneidad de la medida, en esta etapa del escrutinio debe analizarse si la medida impugnada tiende a alcanzar en algún grado los fines perseguidos por el legislador. En este sentido, el examen de idoneidad presupone

---

66 Jurisprudencia 1a./J. 159/2007, publicada en el Semanario Judicial de la Federación y su Gaceta, novena época, tomo XXVI, diciembre de 2007, página 111, registro digital 170585.

67 Véase el amparo en revisión 811/2008, fallado por la Primera Sala en sesión de 05 de noviembre de 2008, p. 77.

68 Tesis 1a. CCLXVIII/2016 (10a.), publicada en la Gaceta del Semanario Judicial de la Federación, décima época, libro 36, noviembre de 2016, tomo II, página 911, registro digital 2013152.

la existencia de una relación entre la intervención al derecho y el fin que persigue dicha afectación, siendo suficiente que la medida contribuya en algún modo y en algún grado a lograr el propósito que busca el legislador. Finalmente, vale mencionar que la idoneidad de una medida legislativa podría mostrarse a partir de conocimientos científicos o convicciones sociales generalmente aceptadas.

PRECEDENTES RELEVANTES

1. **Amparo en revisión 514/2017 resuelto por la Segunda Sala de la Suprema Corte de Justicia de la Nación el 29 de noviembre de 2017. Estímulo fiscal.**

Después de verificar que la norma sí tenía una finalidad constitucionalmente aceptable, la Sala consideró que la diferencia de trato era adecuada y racional para alcanzar la finalidad pretendida por la norma.

Precisó que la intención del legislador fue lograr el crecimiento económico de las empresas de menor escala, así como de las unidades económicas dedicadas al sector energético y de transporte. De este modo, el otorgamiento del estímulo fiscal funcionaba como un instrumento de política financiera y económica, el cual alentaba a dicho sector económico a llevar a cabo inversiones, lo que a la postre incrementaría el valor de las empresas y eliminaría la desventaja económica frente a las grandes corporaciones.

Se aclaró que el estudio que el Alto Tribunal lleva a cabo sobre las razones expuestas por el legislador en el caso concreto, se rige por un escrutinio flexible o laxo, a efecto de respetar la libertad de configuración en el marco de sus atribuciones en esta materia.

Por tanto, al analizar la elección del medio para cumplir esa finalidad el Alto Tribunal no debe exigir al legislador que dentro de los medios disponibles justifique cuál de todos ellos cumple en todos los grados (cuantitativo, cualitativo y de probabilidad) o niveles de intensidad (eficacia, rapidez, plenitud y seguridad), sino únicamente determinar si el medio elegido es idóneo, exigiéndose un mínimo de idoneidad entre el medio elegido y el fin buscado.

En atención a ello, calificó como infundada la aseveración de que la norma impugnada no es una medida adecuada y racional en tanto el legislador reconoció que en años anteriores el estímulo fiscal no funcionó. Lo aseverado, toda vez que no resultaba válido emitir un juicio respecto de las medidas que en materia política y económica emplea el legislador, sino solamente verificar que dichas medidas tiendan a alcanzar en algún grado mínimo los fines perseguidos por el creador de la norma.

Sin que lo anterior significara algún tipo de renuncia por el Alto Tribunal al ejercicio de su competencia de control constitucional, pues en ciertas materias el legislador goza de mayor discrecionalidad de modo que la intensidad del control se ve limitada.

F. Proporcionalidad en sentido estricto

Finalmente, si el trato diferenciado impugnado superó el examen de idoneidad, es necesario analizar si supera la grada de proporcionalidad en sentido estricto, es decir, se debe determinar si el grado de afectación o restricción que el trato diferenciado genera en el derecho fundamental, en este caso el principio de equidad tributaria, es menor al beneficio que se obtendría al cumplirse la finalidad del trato diferenciado, de ser así también se superaría este examen de proporcionalidad.

Para Giménez Glück, en el examen de proporcionalidad en sentido estricto: *"Lo realmente importante es que exista una proporcionalidad razonable entre la finalidad perseguida y la limitación de derechos o intereses individuales del grupo desfavorecido por la diferencia de trato".*[69]

En la tesis 1a. CCLXXII/2016 (10a.)[70] se explica en qué consiste el análisis de proporcionalidad en sentido estricto:

> **CUARTA ETAPA DEL TEST DE PROPORCIONALIDAD. EXAMEN DE LA PROPORCIONALIDAD EN SENTIDO ESTRICTO DE LA MEDIDA LEGISLATIVA.** Para que resulten constitucionales las intervenciones que se realicen a algún derecho fundamental, éstas deben superar un test de proporcionalidad en sentido amplio. Lo anterior implica que la medida legislativa debe perseguir una finalidad constitucionalmente válida, lograr en algún grado la consecución de su fin y no limitar de manera innecesaria y desproporcionada el derecho fundamental en cuestión. Así, una vez que se han llevado a cabo las primeras tres gradas del escrutinio, corresponde realizar finalmente un examen de proporcionalidad en sentido

69 Giménez Glück, *op cit*, p. 118.

70 Tesis 1a. CCLXXII/2016 (10a.), publicada en la Gaceta del Semanario Judicial de la Federación, décima época, libro 36, noviembre de 2016, tomo II, página 894, registro digital 2013136.

> estricto. Esta grada del test consiste en efectuar un balance o ponderación entre dos principios que compiten en un caso concreto. Dicho análisis requiere comparar el grado de intervención en el derecho fundamental que supone la medida legislativa examinada, frente al grado de realización del fin perseguido por ésta. En otras palabras, en esta fase del escrutinio es preciso realizar una ponderación entre los beneficios que cabe esperar de una limitación desde la perspectiva de los fines que se persiguen, frente a los costos que necesariamente se producirán desde la perspectiva de los derechos fundamentales afectados. De este modo, la medida impugnada sólo será constitucional si el nivel de realización del fin constitucional que persigue el legislador es mayor al nivel de intervención en el derecho fundamental. En caso contrario, la medida será desproporcionada y, como consecuencia, inconstitucional. En este contexto, resulta evidente que una intervención en un derecho que prohíba totalmente la realización de la conducta amparada por ese derecho, será más intensa que una intervención que se concrete a prohibir o a regular en ciertas condiciones el ejercicio de tal derecho. Así, cabe destacar que desde un análisis de proporcionalidad en estricto sentido, sólo estaría justificado que se limitara severamente el contenido prima facie de un derecho fundamental si también fueran muy graves los daños asociados a su ejercicio.

Si la norma supera la grada de proporcionalidad en sentido estricto la consecuencia será reconocer su regularidad constitucional, pero si se concluye que la norma es desproporcional en sentido estricto, deberá declararse su inconstitucionalidad.

PRECEDENTES RELEVANTES
1. Amparo en revisión 514/2017 resuelto por la Segunda Sala de la Suprema Corte de Justicia de la Nación el 29 de noviembre de 2017. Estímulo fiscal.
La Segunda Sala consideró que la diferencia de trato superaba el criterio de proporcionalidad en sentido estricto, pues si bien no todos los contribuyentes tienen acceso al estímulo fiscal en cuestión, la afectación era menor respecto de los beneficios que propiciaba la norma, ya que las empresas de menor escala, así como las que se dedican a los sectores estratégicos tendrían la posibilidad de incrementar sus niveles de inversión y aumentar su competitividad en el mercado, lo que redundaría en el crecimiento de la producción nacional.

G. Efectos de la sentencia

Conforme al artículo 78 de la Ley de Amparo[71], cuando el acto reclamado es una norma general, la sentencia deberá determinar si es constitucional o si debe considerarse inconstitucional; en este último caso los efectos de la sentencia se extienden a todas aquellas normas y actos cuya validez depende de la norma invalidada, el efecto consiste en la inaplicación de la norma.

Tratándose de la inconstitucionalidad de una norma por violar el principio de equidad tributaria, los efectos de la sentencia no necesariamente conducen a la inaplicación, sino que debe analizarse la naturaleza de la norma y las razones de la inconstitucionalidad.

En el caso de una norma sobreinclusiva la consecuencia ciertamente es la inaplicación a la accionante, pero si es subinclusiva lo que corresponde es que se permita a la accionante acceder a los beneficios o derechos previstos en aquella.

Respecto a la sentencia que declara la inconstitucionalidad de una norma subinclusiva por violar el principio de equidad tributaria, el Pleno de la Suprema Corte, al resolver la contradicción de tesis 21/2001-PL, explicó los efectos que debe tener el fallo tratándose de una norma que establece una exención parcial en favor de determinadas personas, excluyendo al quejoso.

El Pleno consideró que en el caso de una norma que concede una exención tributaria de manera parcial a determinados contribuyentes, en detrimento de otros que se encuentran en la misma situación, la protección federal se concedía sólo respecto de dicha porción normativa, de modo que la restitución

---

71 "Artículo 78. Cuando el acto reclamado sea una norma general la sentencia deberá determinar si es constitucional, o si debe considerarse inconstitucional.
Si se declara la inconstitucionalidad de la norma general impugnada, los efectos se extenderán a todas aquellas normas y actos cuya validez dependa de la propia norma invalidada. Dichos efectos se traducirán en la inaplicación únicamente respecto del quejoso.
El órgano jurisdiccional de amparo podrá especificar qué medidas adicionales a la inaplicación deberán adoptarse para restablecer al quejoso en el pleno goce del derecho violado."

al agraviado en el pleno goce del principio constitucional violado consistía en hacer extensiva, en su favor, la exención parcial otorgada a los demás contribuyentes; consecuentemente, en caso de que haya cubierto el tributo en su totalidad, únicamente se le debería devolver el importe del porcentaje a que se refiere la exención declarada inconstitucional, y no el total de las cantidades cubiertas por concepto del tributo.

El Pleno aclaró que hacer extensiva al quejoso la exención parcial del tributo no implicaba darle efectos legislativos a la ejecutoria federal, porque los efectos de ésta consisten no en que se deje de aplicar la norma por inconstitucional, sino en que también le sea aplicada al quejoso, a fin de conservar así su equidad, ya que la declaratoria de inconstitucionalidad del precepto deriva de los efectos que produce, en cuanto a que exenta sólo a algunos de los sujetos del tributo, y no de su contenido, de tal forma que la norma no resulta inconstitucional en sí misma, sino en la medida de que no incluye al quejoso dentro del trato privilegiado que en ella se prevé.

Para el Pleno, pretender lo contrario, esto es, la inaplicación de la norma a fin de que todos los gobernados sujetos al tributo lo pagaran al cien por ciento, implicaría darle efectos generales a la ejecutoria de amparo, en contravención al principio de relatividad de las sentencias de amparo.

Asimismo, aclaró que si bien el artículo 80 de la Ley de Amparo (abrogada), el efecto de la sentencia era la inaplicación de la norma; tal supuesto operaba cuando dicha aplicación resulta contraria a los intereses del quejoso, pero no cuando la consecuencia de tal declaratoria implica que el precepto se aplique en su beneficio, como en el caso, en que, a efecto de restituir al quejoso en el pleno goce del principio de equidad tributaria, se le hace extensivo el beneficio de que gozan los demás contribuyentes, consistente en la exención parcial del tributo.

Las consideraciones del Pleno de la Suprema Corte quedaron sistematizadas en la jurisprudencia P./J. 18/2003[72]:

---

72 Publicada en el Semanario Judicial de la Federación y su Gaceta, novena época, tomo XVIII, julio de 2003, página 17, registro digital 183828.

> **EXENCIÓN PARCIAL DE UN TRIBUTO. LOS EFECTOS DEL AMPARO CONCEDIDO CONTRA UNA NORMA TRIBUTARIA INEQUITATIVA POR NO INCLUIR EL SUPUESTO EN QUE SE HALLA EL QUEJOSO DENTRO DE AQUÉLLA, SÓLO LO LIBERA PARCIALMENTE DEL PAGO.** La declaratoria de que un precepto que establece la exención parcial de un tributo es inequitativo, no tiene por efecto exentar al quejoso del pago en su totalidad, sino sólo el de desincorporar de su esfera jurídica la obligación tributaria en la parte inconstitucional, es decir, tratándose de una norma que concede dicho beneficio a determinados contribuyentes en detrimento de otros que se encuentran en la misma situación, como el amparo se concede sólo respecto de dicha porción normativa y no de las normas que establecen los elementos esenciales del tributo, la restitución al agraviado en el pleno goce de la garantía individual violada, consiste en hacer extensiva en su favor únicamente la exención parcial otorgada a los demás.

En consecuencia, el órgano jurisdiccional que conozca del asunto no debería declarar inoperante un argumento de equidad bajo la justificación de que la inaplicación de la norma originaría la imposibilidad de conceder el beneficio que el propio ordenamiento establece, ya que la restitución del derecho violado, en estos casos, precisamente consiste en otorgar el mismo trato a personas que se encuentran en igualdad de circunstancias.[73]

Pues bien, estimamos que las consideraciones que anteceden otorgan los elementos suficientes para que los distintos operadores jurídicos (quejosos, autoridades responsables y juzgadores) puedan plantear conceptos de violación, defender los actos de autoridad y resolver los razonamientos formulados a la luz del principio de equidad tributaria, consagrado en el artículo 31, fracción IV, de la Constitución Política de los Estados Unidos Mexicanos.

---

73 Cabe aclarar en este punto que tales consideraciones no son aplicables a los distintos casos de impugnación de regímenes fiscales optativos de beneficio, los cuales tienen características diversas y, por ello, su regularidad constitucional se determina bajo otros parámetros.

CONCLUSIÓN

De acuerdo con todo lo expuesto, es posible concluir que conforme al principio de equidad tributaria previsto en artículo 31, fracción IV, de la Constitución Federal, las normas deben tratar de igual forma a quienes se encuentren en una misma situación y de manera desigual a los sujetos que se ubiquen en una situación diversa; asimismo, la normas pueden establecer categorías o clasificaciones de contribuyentes, pero deben ser razonables y sin generar tratos discriminatorios, es decir, no todo trato desigual o diferenciado conlleva una violación al principio de equidad tributaria.

El principio de equidad tributaria tiene un ámbito de aplicación específico, es decir, se aplica, por regla general, a las normas que inciden en la configuración de la obligación fiscal sustantiva y, excepcionalmente, a obligaciones de carácter formal si éstas repercuten de algún modo en la referida obligación sustantiva.

El juicio de equidad tributaria es una metodología utilizada por la Suprema Corte para analizar la constitucionalidad de normas que inciden en la obligación fiscal sustantiva y que establecen tratos diferenciados, por ser subinclusivas o sobreinclusivas.

Esta metodología incluye la realización de un test de proporcionalidad para determinar si los tratos diferenciados son objetivos y razonables, para ello se analiza si la medida legislativa tiene una finalidad constitucionalmente válida, si es idónea para cumplir con dicha finalidad y si es proporcional en sentido estricto.

En el juicio de equidad tributaria no se examina el subprincipio de necesidad porque en materia tributaria el nivel de escrutinio que realiza un juez es poco estricto, ya que el legislador cuenta con una amplia libertad configurativa del sistema fiscal, de manera que al juez no le corresponde averiguar si existen otras medidas menos lesivas que pudo haber elegido el legislador para cumplir con la finalidad deseada.

La metodología del juicio de equidad tributaria desarrollada por la Suprema Corte a través de sus sentencias y que hemos descrito a lo largo de este trabajo, debe ser aplicada por todos los jueces del país que realicen un control de constitucionalidad a la luz del principio de equidad tributaria, salvo que algún caso concreto requiera la aplicación de una metodología distinta.

La aplicación consistente de las metodologías de adjudicación constitucional por las personas juzgadoras, genera certeza a las partes de los elementos que deben aportar o argumentar en los juicios en los que se requiere realizar el control constitucional de normas a la luz del principio de equidad tributaria.

Por último, con el fin de sintetizar y hacer más evidentes los elementos del juicio de equidad tributaria (así como los casos en que, aun tratándose de normas fiscales, deben analizarse a la luz del principio de igualdad), los exponemos de forma gráfica y presentamos un caso hipotético.

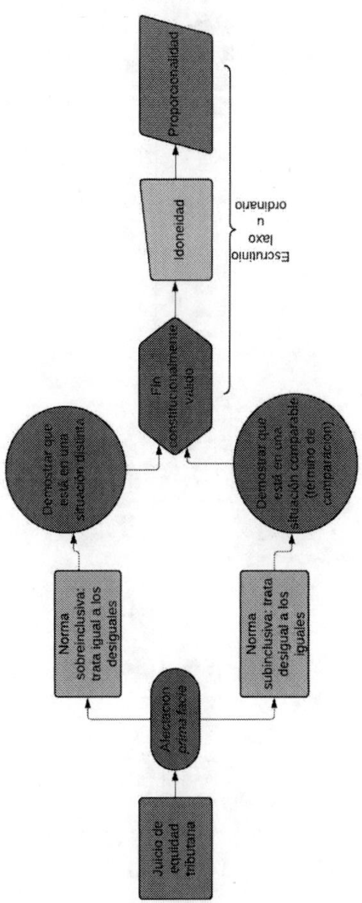
Juicio de equidad tributaria
Alegación prima facie
Norma sobreinclusiva: trata igual a los desiguales
Norma subinclusiva: trata desigual a los iguales
Demostrar que está en una situación distinta
Demostrar que está en una situación comparable (término de comparación)
Fin constitucionalmente válido
Idoneidad
Proporcionalidad
Escrutinio laxo u ordinario

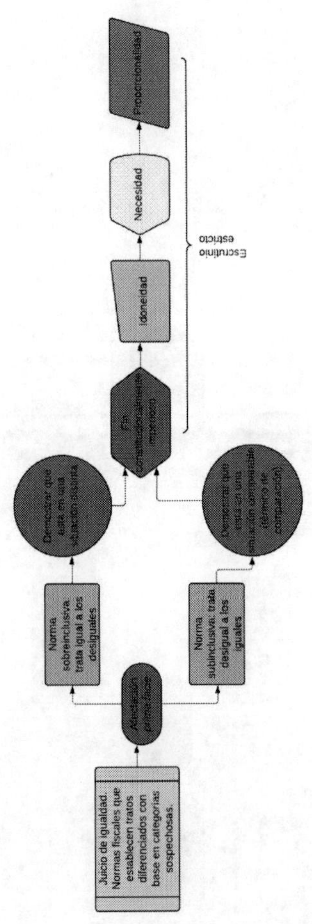
Juicio de igualdad. Normas fiscales que establecen tratos diferenciados con base en categorías sospechosas.
Afectación prima facie
Norma sobreinclusiva: trata igual a los desiguales
Norma subinclusiva: trata desigual a los iguales
Demostrar que está en una situación distinta
Demostrar que está en una situación comparable (término de comparación)
Fin constitucionalmente imperioso
Idoneidad
Necesidad
Proporcionalidad
Escrutinio estricto

CASO HIPOTÉTICO

A. Hechos

En la Ley del Impuesto sobre la Renta se otorgó un beneficio fiscal para las personas físicas que incorporen en su casa habitación lámparas o focos que utilicen energías renovables, específicamente se les permite deducir el costo de dichos dispositivos para efectos del impuesto sobre la renta.

Una persona física impugnó la norma que contiene el beneficio fiscal por considerar que viola el principio de equidad tributaria, ya que consideró que la norma es subinclusiva porque el beneficio fiscal no se otorgó por igual a todas las personas físicas que incorporan lámparas o focos a sus hogares, pese a que son elementos esenciales para el hogar.

B. Ámbito de aplicación del principio de equidad tributaria

Se considera que la norma está dentro del ámbito de aplicación del principio de equidad tributaria, porque establece una deducción que se disminuye de la base gravable del impuesto sobre la renta, es decir, incide en la determinación del impuesto, por tanto, se trata de una norma que trasciende a la obligación fiscal sustantiva.

C. Afectación prima facie

La norma establece un trato diferenciado al excluir del acceso a un beneficio fiscal a la persona física promovente, obligada a pagar el impuesto sobre la renta, que adquirió lámparas y focos para instalarlos en su casa habitación.

D. Término de comparación

La promovente se encuentra en una situación comparable a la de las personas que sí pueden acceder al beneficio fiscal, ya que en los dos casos se trata de personas físicas que están obligadas al pago del impuesto sobre la renta y que adquirieron lámparas y focos para instalarlos en su casa habitación.

E. Fin constitucionalmente válido

Del procedimiento legislativo del que derivó la norma, se advierte que el legislador decidió otorgar un beneficio fiscal a las personas físicas que instalaran lámparas y focos que utilizaran energías renovables en su casa habitación, con la finalidad de promover el uso de energías limpias, particularmente solar, y disminuir la emisión de contaminantes.

De acuerdo con lo anterior, la norma tiene una finalidad constitucionalmente válida porque, al promover el uso de energías limpias y la disminución de la emisión de contaminantes, busca garantizar la eficacia del derecho a un medio ambiente sano, el cual está reconocido en el artículo 4, párrafo quinto, de la Constitución Política de los Estados Unidos Mexicanos.

F. Idoneidad

La norma permite cumplir con el fin buscado por el legislador, ya que incentiva a las personas físicas a adquirir lámparas o focos que utilicen energías renovables, a cambio de obtener un beneficio fiscal, con ello se promueve la transición de energías sucias a energías limpias y se generan condiciones para la eficacia del derecho a un medio ambiente sano. Por tanto, existe una relación de instrumentalidad entre la norma y la tutela del derecho a un medio ambiente sano.

G. Proporcionalidad en sentido estricto

Los beneficios que se obtienen con la norma son superiores a la afectación que puede tener en el principio de equidad tributaria. Lo anterior porque la tutela del derecho a un medio ambiente sano, a través de promoción del uso de energías limpias, genera un beneficio difuso en la medida en que un medio ambiente sano es susceptible de impactar positivamente en todas las personas.

En cambio, privar a un grupo de personas de la deducción no genera un impacto grave en su esfera jurídica, pues no se trata de una deducción estructural, de modo que no tiene un impacto directo en su capacidad contributiva.

BIBLIOGRAFÍA

Astudillo, César, *Derecho procesal constitucional. Estudios sobre la Suprema Corte de Justicia de la Nación*, Tiran Lo Blanch, México, 2019.

Bernal Pulido, Carlos, *El principio de proporcionalidad y los derechos fundamentales. El principio de proporcionalidad como criterio para determinar el contenido de los derechos fundamentales vinculante para el Legislador*, 4ª edición, Universidad Externado de Colombia, México, 2014.

Cárdenas Gracia, Jaime. *Manual de derecho constitucional*. Tirant lo Blanch. México. 2020.

Carranco Zúñiga, Joel, *Juicio de amparo. Procedencia y sobreseimiento*, 6ª edición, Porrúa, México, 2019.

De la Garza, Sergio Francisco, *Derecho financiero mexicano*, 28ª edición, Porrúa, México, 2008.

Ferrer Mac-Gregor, Eduardo y otros (coords.), *Diccionario de Derecho Procesal Constitucional y Convencional*, 2a edición, UNAM, México, 2014.

Flores Zavala, Ernesto, *Elementos de finanzas públicas mexicanas. Los impuestos*, 24ª edición, Porrúa, México, 1982.

Giménez Glück, David, *Juicio de igualdad y tribunal constitucional*, Bosch, España, 2004.

Góngora Pimentel, Genaro David, *La lucha por el amparo fiscal. Evolución del artículo 31, fracción IV, constitucional, en la jurisprudencia de la Suprema Corte de Justicia de la Nación (principios de proporcionalidad y equidad tributarios)*, 2ª edición, Porrúa, México, 2010.

González Carvallo y Rubén Sánchez Gil (coords.), *El test de proporcionalidad en la Suprema Corte. Aplicaciones y desarrollos recientes*, SCJN, México, 2023.

Ibarra Olguín, Ana María (coord.), *Discriminación. Piezas para armar*, SCJN, México, 2021.

Melgar Manzanilla, Pastora, *Proporcionalidad y equidad tributarias a la luz del paradigma de los derechos humanos*, UNAM, México, 2019.

Ortega Maldonado, Juan Manuel, *Lecciones de derecho fiscal*, 2ª edición, Porrúa, México, 2012.

Ríos Granados, Gabriela, *Control de proporcionalidad en el derecho tributario mexicano*, UNAM, México, 2009.

Roa Jacobo, Juan Carlos, *El debate sobre el amparo fiscal y los efectos de éste en el México actual*, Themis, México, 2009.

Rodríguez Lobato, Raúl, *Derecho fiscal*, 3ª edición, Oxford, México, 2016.

Tena Ramírez, Felipe, *Leyes fundamentales de México 1808-2017*, 25ª edición, Porrúa, México, 2008.

Yáñez Ruiz, Manuel, "El problema fiscal y la Suprema Corte de Justicia de la Nación", en Zambrano Sevilla, José Luis (coord.), *El Ministro Manuel Yáñez Ruiz*, Vol. 16 de la serie semblanzas, SCJN, México, 1992.

Fuentes electrónicas:

Buscador Jurídico de la Suprema Corte de Justicia de la Nación, https://bj.scjn.gob.mx

Diccionario panhispánico del español jurídico, de la Real Academia Española, "Justiciabilidad", https://dpej.rae.es/lema/justiciabilidad

Semanario Judicial de la Federación, https://sjf.scjn.gob.mx/SJFHome/home